분당강쌤의
수능 필수어휘

초등
사자소학

분당강쌤의 수능 필수어휘
초등 사자소학

초판 1쇄 발행 2023년 3월 28일
초판 19쇄 발행 2023년 9월 15일

지은이 분당강쌤
펴낸곳 ㈜에스제이더블유인터내셔널
펴낸이 양홍걸 이시원

블로그 · 인스타 · 페이스북 siwonbooks
주소 서울시 영등포구 국회대로74길 12 시원스쿨
구입 문의 02)2014-8151
고객센터 02)6409-0878

ISBN 979-11-6150-699-9 63700

시원북스는 ㈜에스제이더블유인터내셔널의 단행본 브랜드
입니다.

독자 여러분의 투고를 기다립니다.
책에 관한 아이디어나 투고를 보내주세요.
siwonbooks@siwonschool.com

분당강쌤의
수능 필수어휘

초등 사자소학

초등학교 때 시작하는
수능 필수어휘!

시원
북스

들어가기 전에

20년 전에 처음으로 고등학교 3학년 대상의 대학입시 국어 수업을 시작했습니다. 그리고 매해 쉬지 않고 스무 번의 대학입시를 겪었습니다. 그동안 대학입시는 빠르게 변화했고 많은 것이 바뀌었지만 여전히 변함없는 것이 있습니다. 최근 몇 년 사이 더욱 많이 거론되고 있습니다만, 사실 이 문제는 20년 동안 늘 제기되어 왔습니다. 그것은 바로 학생들의 어휘력·문해력 부족입니다.

수업 현장에서 학생들이 가장 많이 하는 질문들 중 하나가 단어나 문장의 뜻에 관한 것입니다. 대답해 주면서도 답답함을 느낄 때가 많습니다. 너무나 당연하게도 어휘는 고등학교 3학년 때 해야 할 학습 영역이 아니기 때문입니다.

고등학교 3학년 때는 문학·비문학 및 고급문법을 심화하여 학습해야 하는 시기인데 이 귀중한 시간을 어휘 학습으로 낭비하는 것은 안타까운 일입니다. 이것은 마치 대학 입시를 공부해야 하는 시기에 구구단 공부를 하는 것과 같습니다. 기본적인 어휘는 초등학교 때 반드시 해 놓아야만 합니다. 초등 저학년 때 사칙연산 정도는 해야 하는 것처럼 말입니다.

우리말의 70% 이상은 한자어로 구성되어 있습니다. 또한 학습적인 측면에서도 한자어의 비중은 학년이 올라갈수록 커집니다. 대부분의 중요한 학습용어가 한자어로 되어 있기 때문입니다. 또한 아직도 대학 수학 능력 시험은 국한문을 혼용해서 쓰고 있습니다. 이것은 한자어의 의미를 이해하지 못하면 수학 능력 시험 국어 영역에서도 어려움이 생긴다는 것을 뜻합니다. 문제가 되는 중요한 어휘들은 한글 옆에 괄호로 한자를 표기해 놓는 것이 일반적입니다. 이때 한자의 뜻을 알면 어려운 용어들도 쉽게 이해할 수 있습니다. 앞서 말씀드린 것처럼 우리말과 한자는 상당히 밀접한 연관이 있기에 한자를 아는 것은 우리말을 배우는 데 큰 도움이 되고 대학 능력 시험에서도 요긴하게 쓰입니다.

예를 들어 '금수'라는 말은 짐승이라는 뜻도 있고 비단이라는 뜻도 있습니다. 발음은 같지만 뜻이 다르고 이는 두 단어의 한자 표기가 다르기 때문입니다. 전자는 '날짐승 금(禽)'자를 쓰고 후자는 '비단 금(錦)'을 씁니다. 이 두 글자는 모양 자체도 꽤나 다릅니다. 단어의 뜻을 정확하게 모르더라도 옆의 한자를 보면서 의미를 유추할 수 있습니다.

단어의 정확한 의미를 아는 것은 모든 과목의 기본 중의 기본입니다. 그러나 이 기본이 제대로 되어 있지 않은 학생이 많습니다. 문제의 뜻을 이해하지 못해 틀리는 일이 허다하게 많습니다. 이것은 국어 영역만의 문제가 아닙니다. 심지어 수능 영어 영역에서도 이런 일을 종종 목격합니다. 영어 제시문 독해가 완벽함에도 불구하고 한국어로 적힌 문제의 의미를 잘못 파악해 오답을 고르는 경우를 많이 봤습니다. 영어가 이러하니 수학이나 과학, 사회는 말할 것도 없습니다. 대학 입시 강사로 이런 문제를 매년 반복적으로 겪다 보니 학생들의 어휘력을 확실하게 향상시킬 실질적인 방법을 알리겠다는 생각을 하게 되었습니다.

이 책은 다른 『사자소학』과는 다릅니다. 초등학교 시기부터 익혀 대학 입학 시험까지 확실하게 도움이 되는 어휘의 뼈대를 만들어 주고자 했습니다. 또한 실전까지 실제로 활용되는 한자어를 알려주려 했습니다. 그러다 보니 시중의 어린이용 『사자소학』과는 많이 다른 책이 되었습니다.

이 책이 기존 『사자소학』과 다른 다섯 가지 큰 특징은 다음과 같습니다.

❶ 공부에 도움이 되지 않는 한자는 배제했습니다.

보통의 사자소학은 '부생아신(父生我身) 모국오신(母鞠我身)' 이라는 구절로 시작이 되는데 '국(鞠)'이라는 글자는 실제로 거의 쓰지 않는 한자입니다. 이런 한자를 모두 아는 것은 지나치게 비효율적입니다. 이런 글자들은 빼고 실제로 필요한 글자들로 책을 구성했습니다.

❷ 보편적인 현대 윤리를 고려했습니다.

'부생아신(父生我身) 모국오신(母鞠我身)'이라는 구절은 말 그대로 직역하면 아버지 가 날 낳으시고 어머니가 날 기르셨다는 뜻입니다. 이는 여러 가지 이유에서 문제가 있습니다. 이 문장은 일부다처제의 남성중심적 사고관이 반영되어 있어 현대 사회의 양성평등에 반하는 내용입니다. 올바른 지식은 올바른 가치관으로 연결됩니다. 아직 어린 아이들에게 선입견을 심어주면 안 되기에 옳지 못하거나 다소 위험하게 해석될 수 있는 부분의 내용들은 과감히 배제를 했습니다. 온고지신(溫故知新)을 토대로 최 대한 현대 윤리에 맞게 해석할 수 있는 구절들을 채택하고자 했습니다.

❸ 한자 자체에 집중하지 않았습니다.

본 책은 대학 입시까지 도움이 되는 가장 효율적인 방법을 제시하는 것이 목표이기 에 이에 집중했습니다. 이러한 관점에서는 한 글자씩 한자를 암기하는 방식은 적합하 지 않습니다. 보통 대학 입시를 위해 한문시험을 보는 학생은 없기 때문입니다. 따라 서 한자를 쓰지 못해도 읽을 수 있으면 충분하며 그 의미는 짧은 문장 속에서 파악 이 되면 충분합니다.

한자는 한 글자에 많은 의미를 담고 있고 그 많은 의미들 중 실제로는 활용되지 않 는 의미가 많습니다. 때문에 뜻을 잔뜩 외웠으나 실제로 문장에서 어떤 의미를 적용 해야 할지 몰라 난감할 수 있습니다. 이러한 이유로 문장 안에서 한자들이 어떤 의미 로 해석되고 활용되는지를 보여드리고자 했습니다. 짧은 문장을 통해 익힌 단어들이 어떤 상황에 등장하는지 자연스럽게 학습되도록 구성했습니다. 이를 통해 어휘의 문

맥락인 의미를 알게 됩니다.

예를 들어 '몸 신(身)'이라는 글자를 익힌다면, 한자의 정확한 훈과 음을 외우기보다는 '신체(身體)'에 쓰이는 '신(身)'이라고 어휘 자체로 기억하는 것이 더 오래 기억에 남으며 응용이 용이합니다. 더 나아가 '신체발부(身體髮膚) 수지부모(受之父母)'에 쓰이는 글자로 기억을 해 준다면 더욱 좋겠습니다.

❹ 반복을 통해 누적되어 쌓이는 공부가 되도록 했습니다.

실생활에 쓰이지 않는 한자는 과감히 배제하고 중요도가 높은 어구 위주로 선별하였기에 중요한 한자는 반복적으로 등장합니다. 이 한자들을 매일 읽고 해석하다 보면 자연스럽게 앞뒤의 글자들이 연결되면서 복습과 예습이 함께 이루어집니다. 이러한 과정을 통해 한 글자씩 암기하고 날아가는 학습이 아니라 쌓이는 학습이 될 수 있도록 했습니다.

❺ 학습서인 동시에 수양서의 역할을 하도록 구성했습니다.

문장에 담긴 본질적인 뜻을 알게 되어 올바른 인간으로 성장할 수 있는 기틀이 마련될 수 있도록 했습니다. 과거에도 소학은 단지 문자 학습만을 목적으로 만들어진 교재가 아니었습니다. 소학은 학습을 처음 시작하는 어린이들이 늘 접하는 교재였기에 소학의 모든 구절에 선조들의 세심한 가르침이 담겨 있습니다. 가정과 사회에서 한 명의 구성원으로서 반드시 알아야 하는 윤리규범은 물론, 어떤 시대에나 인간으로서 지켜야 하는 변치 않는 귀한 가치들을 담았습니다. 때문에 소학은 학습서인 동시에 수양서의 성격을 지니고 있습니다. 현대의 『사자소학』은 그 정신보다는 문자를 익히는 것에만 초점을 두고 있는 경우가 많습니다. 본 책은 현대에 맞지 않는 내용과 표현은 과감히 버리고 계승해야 할 귀한 정신은 이어 진정한 온고지신의 학습이 될 수 있도록 구성하였습니다.

이 책을 접하는 모든 어린이들이 학습적인 면은 물론 윤리적인 면에서도 많은 가르침을 얻기를 바랍니다. 이를 통해 학습적 성장과 정신적 성장을 같이 이룰 수 있는 계기가 되기를 바랍니다.

2023년 2월
분당강쌤

이 책은 어떻게 공부해야 할까요?

이 책의 학습 목적은 한자로 쓰여 있는 짧은 문장을 읽고 해석할 수 있는 학습능력을 기르는 것입니다. 쓰기보다는 읽기 부분에 집중하여 학습할 수 있도록 지도해 주시기 바랍니다. 또한 아이의 다양한 현재 상황을 고려한 구체적인 학습 방법은 아래와 같습니다.

❶ 한글도 아직 잘 모르는 어린이

『사자소학』은 과거 양반가에서 5-7세 정도의 어린이들을 대상으로 사용했던 교재입니다. 따라서 현재의 유치원생 정도의 어린이들이 학습해도 큰 무리가 없습니다. 또한 한글보다 한자를 먼저 알게 되면 우리의 말과 글을 이해하는 데에도 상당한 도움이 됩니다. 현대 사회에도 우리말에는 70% 이상이 한자로 이루어져 있으며 학습 용어에는 그 이상의 한자가 사용됩니다. 따라서 한자에 대한 이해는 우리의 말과 글은 물론 학습에도 긍정적인 영향을 줍니다. 특히 한자는 모든 글자에 의미를 포함하고 있기에 읽을 수만 있다면 처음 보는 단어도 그 의미를 유추할 수 있습니다. 뜻 글자인 한자를 통해 단어의 기원을 떠올리며 익히는 한글은 튼튼한 기초 위에 지어지는 건축물과 같이 견고한 지식체계를 형성할 수 있게 합니다.

과목마다 학습법에 차이가 있습니다. 모든 언어는 한 번에 많은 양을 학습하기보다 적은 양이라도 매일 학습하는 것이 효과적입니다. 아직 한글이 부족한 아이라면 조급한 마음을 버리고 한자를 친숙하게 익히는 것에 초점을 맞추어 주는 것이 중요합니다. 우선 한자의 음와 훈을 알려주어 읽을 수만 있게 지도해 주시고 쓰는 것은 가능한 만큼만 해 나가면 됩니다. 또한 복습을 통해 배운 내용들이 계속 반복되게 해 주는 것이 좋습니다. 하루에 1글자씩 10일이면 1강에 해당하는 총 8글자 정도, 한 달이면 3강에 해당하는 총 24글자 정도를 익히게 해 주면 됩니다. 처음에는 이렇게 무리 없이 시작해 주고 아이의 상황을 보아 잘하면 더 빠르게 진행하면 됩니다. 물론 어려워할 경우 시작 시기와 학습 속도를 늦추어 주면 됩니다. 이렇게 한자 읽기, 그림 보며 한문 해석하기만 꾸준히 50강까지 진행하고 책에 있는 나머지 부분들은 추후에 아이가 한글을 깨우쳤을 때 진행하면 됩니다.

〈실전 학습법〉

1일 ~ 8일차 하루에 한 글자씩 읽을 수 있도록 학습

매일 전날까지의 내용 누적으로 학습

예 8일째 되는 날은 전날까지의 7글자 복습 + 새로 학습한 1글자 총
8글자 학습

9일차 교재의 각 강에 실려 있는 삽화를 보면서 해석

10일차 삽화보면서 해석하기 반복 + 마무리 스티커

이렇게 한자 읽기, 그림 보며 한문 해석하기만 꾸준히 50강까지 진행하면 됩니다.
책에 있는 나머지 부분들(퀴즈, 더 읽어 보기 등)은 추후에 아이가 한글을 깨우쳤을
때 진행하면 됩니다.

❷ 한글을 깨우치기는 했지만 어휘력이 아직 부족한 어린이

아마도 많은 초등학교 저학년 학생들이 이런 상태일 것입니다. 어휘력에 부족한지
에 대한 판단은 책 내용 중 '뜻을 생각해 보세요' 부분을 혼자서 할 수 있는지 확인하
면 됩니다. 혼자 할 수 있다면 어휘력이 충분한 상태라고 보면 됩니다. 이 상태의 아
이들은 하루에 한자 두 글자에서 네 글자 정도는 충분히 공부할 수 있는 아이들입니
다. 아이의 집중력을 보고 하루에 두 글자 정도를 익히고 다음 날에는 복습과 함께
해 네 글자(누적) 정도를 읽게 하고, 그 다음 날은 여섯 글자, 또 그 다음날은 여덟 글
자를 익히게 하시고, 그 다음날은 그림을 보고 한문 해석 연습을 하며 1강 마무리 스
티커를 붙이며 다음 강으로 넘어가면 됩니다. 이렇게 학습하면 5일이면 1강에 해당
하는 여덟 글자 정도, 10일이면 열여섯 글자를 학습하게 됩니다.

어휘력이 충분한 상태라면 가능한 만큼 더 많은 글자를 학습해도 됩니다. 반면 어휘
력이 부족한 상태라면 아이의 상황에 맞게 글자를 더 천천히 진행하거나 시작 시기
를 늦춰도 괜찮습니다. 아이의 상황에 맞추어 두 글자씩 혹은 네 글자씩 익히면 됩니
다. 책에 있는 나머지 부분들(퀴즈, 더 읽어 보기 등)은 어휘력이 충분해진 상태에서
보시면 됩니다.

<실전 학습법>

1일 ~ 4일차 하루에 2글자씩 읽을 수 있도록 학습

매일 전날까지의 내용 누적으로 학습

예 4일째 되는 날은 전날까지의 6글자 복습 + 새로 학습한 2글자 총 8글자 학습

5일차 교재의 각 강에 실려 있는 삽화를 보면서 해석 + 마무리 스티커

어휘력이 부족한 경우에는 아이의 상황에 맞추어 학습할 양을 조절하거나 시작 시기를 늦추면 됩니다. 중요한 것은 아이가 한자 학습에 대해 부정적인 생각을 갖지 않도록 하는 것입니다.

❸ 한글도 완벽하고 어휘력도 충분한 어린이

아마 초등학교 고학년 학생이 이런 상태일 것입니다. 이런 아이들의 경우 하루에 네 글자 혹은 여덟 글자를 진행하면 됩니다. 우선 네 글자를 진행한다면 첫날은 네 글자를 익히고 둘째 날은 복습을 포함해서 여덟 글자를 익히고 셋째 날은 그림 보고 해석하며 마무리하기 부분까지 진행하면 됩니다. 이렇게 학습하면 2일이면 1강에 해당하는 여덟 글자 정도를 학습하게 됩니다. 아이가 집중력이 좋다면 첫날은 한자 여덟 글자 읽기, 둘째 날은 한문 해석으로 마무리해도 좋습니다.

이렇게 50강까지 진도가 끝나면 처음부터 복습을 하면 됩니다. 하루에 한 강씩 책의 '더 읽어 보기' 부분이나 쓰기 또는 관련 어휘, 퀴즈 등을 가급적 혼자 할 수 있게 하고 아이가 책 자체를 정독하게 해 주면 됩니다. 그렇게 복습이 마무리되면 아이에게 남는 것이 많을 것입니다.

<실전 학습법>

1일 ~ 2일차 하루에 4자씩 2일에 1강 한자 학습

매일 전날까지의 내용 누적으로 학습

예 2일째 되는 날은 전날까지의 4글자 복습 + 새로 학습한 4글자 총 8글자 학습

3일차 교재의 각 강에 실려 있는 삽화를 보면서 해석

* 집중력이 좋은 아이는 하루에 8글자 (1강) 학습 + 다음날 해석

이렇게 한자 읽기, 그림 보며 한문 해석하기만 꾸준히 50강까지 진행하면 됩니다. 50강까지 빠르게 진행되었으므로 진도가 끝나면 처음부터 한 번 더 복습하는 것을 권장합니다. 책에 있는 나머지 부분들(퀴즈, 더 읽어 보기 등)은 가급적 혼자 할 수 있게 해 주고 책을 정독할 수 있게 해 주면 좋겠습니다.

모든 언어가 그렇겠지만 특히나 한문은 글자를 배우는 것이 어렵기에 많은 읽기 훈련과 복습이 필요합니다.

시대극을 보면 서당에서 아이들이 낭랑한 목소리로 '하늘천 땅지'와 같이 소리를 내어 읽는 장면이 나옵니다. 아이들뿐만 아니라 선비들도 소리를 내어 강독하며 뜻을 새기는 학습법이 자주 등장하죠. 이러한 방식이 한자의 뜻을 새기고 한문을 이해하는 데에 무척 효과적이기 때문입니다.

우선은 글자를 소리 내어 읽게 해 주는 것이 가장 중요하다는 사실을 꼭 잊지 말기 바랍니다. 그렇게 익힌 글자는 아이가 고급 어휘를 형성해 나가는 데 엄청난 도움이 됩니다. 지나치게 욕심을 부려서 한 글자씩 달달 암기를 시키거나 정확하게 쓰는 것까지 요구하게 되면 한자 공부에 대한 흥미를 잃게 될 수 있습니다. 이렇게 되면 작은 것을 얻고자 큰 것을 포기하는 결과가 발생할 수 있다는 것을 꼭 기억해 주기를 바랍니다.

* 『사자소학』의 구체적인 학습법 및 중요한 내용들을 '분당강쌤' 유튜브에서 무료로 시청할 수 있습니다.

『사자소학』50강 무료강의

공부계획표

☑ **매일 계획대로 일정을 체크해 보세요.**

1. 연령별 학습 가이드에서 4단계 중 나에게 맞는 학습 단계를 선택해 주세요.
2. 단계별 학습 일정에 따라 아래 계획표를 채워 주세요.

1단계 500일 / 2단계 250일 / 3단계 150일 / 4단계 100일

『이 책은 어떻게 공부해야 할까요?』 8쪽 참고

일정 계획	날짜	강	쪽수	Quiz 점수	일정 계획	날짜	강	쪽수	Quiz 점수	일정 계획	날짜	강	쪽수	Quiz 점수
1 일차	.	강	쪽	점	2 일차	.	강	쪽	점	3 일차	.	강	쪽	점
4 일차	.	강	쪽	점	5 일차	.	강	쪽	점	6 일차	.	강	쪽	점
7 일차	.	강	쪽	점	8 일차	.	강	쪽	점	9 일차	.	강	쪽	점
10 일차	.	강	쪽	점	11 일차	.	강	쪽	점	12 일차	.	강	쪽	점
13 일차	.	강	쪽	점	14 일차	.	강	쪽	점	15 일차	.	강	쪽	점
16 일차	.	강	쪽	점	17 일차	.	강	쪽	점	18 일차	.	강	쪽	점
19 일차	.	강	쪽	점	20 일차	.	강	쪽	점	21 일차	.	강	쪽	점
22 일차	.	강	쪽	점	23 일차	.	강	쪽	점	24 일차	.	강	쪽	점
25 일차	.	강	쪽	점	26 일차	.	강	쪽	점	27 일차	.	강	쪽	점
28 일차	.	강	쪽	점	29 일차	.	강	쪽	점	30 일차	.	강	쪽	점
31 일차	.	강	쪽	점	32 일차	.	강	쪽	점	33 일차	.	강	쪽	점
34 일차	.	강	쪽	점	35 일차	.	강	쪽	점	36 일차	.	강	쪽	점
37 일차	.	강	쪽	점	38 일차	.	강	쪽	점	39 일차	.	강	쪽	점
40 일차	.	강	쪽	점	41 일차	.	강	쪽	점	42 일차	.	강	쪽	점
43 일차	.	강	쪽	점	44 일차	.	강	쪽	점	45 일차	.	강	쪽	점
46 일차	.	강	쪽	점	47 일차	.	강	쪽	점	48 일차	.	강	쪽	점
49 일차	.	강	쪽	점	50 일차	.	강	쪽	점	51 일차	.	강	쪽	점
52 일차	.	강	쪽	점	53 일차	.	강	쪽	점	54 일차	.	강	쪽	점
55 일차	.	강	쪽	점	56 일차	.	강	쪽	점	57 일차	.	강	쪽	점
58 일차	.	강	쪽	점	59 일차	.	강	쪽	점	60 일차	.	강	쪽	점

일정계획	날짜	강	쪽수	Quiz 점수	일정계획	날짜	강	쪽수	Quiz 점수	일정계획	날짜	강	쪽수	Quiz 점수
61 일차	.	강	쪽	점	62 일차	.	강	쪽	점	63 일차	.	강	쪽	점
64 일차	.	강	쪽	점	65 일차	.	강	쪽	점	66 일차	.	강	쪽	점
67 일차	.	강	쪽	점	68 일차	.	강	쪽	점	69 일차	.	강	쪽	점
70 일차	.	강	쪽	점	71 일차	.	강	쪽	점	72 일차	.	강	쪽	점
73 일차	.	강	쪽	점	74 일차	.	강	쪽	점	75 일차	.	강	쪽	점
76 일차	.	강	쪽	점	77 일차	.	강	쪽	점	78 일차	.	강	쪽	점
79 일차	.	강	쪽	점	80 일차	.	강	쪽	점	81 일차	.	강	쪽	점
82 일차	.	강	쪽	점	83 일차	.	강	쪽	점	84 일차	.	강	쪽	점
85 일차	.	강	쪽	점	86 일차	.	강	쪽	점	87 일차	.	강	쪽	점
88 일차	.	강	쪽	점	89 일차	.	강	쪽	점	90 일차	.	강	쪽	점
91 일차	.	강	쪽	점	92 일차	.	강	쪽	점	93 일차	.	강	쪽	점
94 일차	.	강	쪽	점	95 일차	.	강	쪽	점	96 일차	.	강	쪽	점
97 일차	.	강	쪽	점	98 일차	.	강	쪽	점	99 일차	.	강	쪽	점
100 일차	.	강	쪽	점	101 일차	.	강	쪽	점	102 일차	.	강	쪽	점
103 일차	.	강	쪽	점	104 일차	.	강	쪽	점	105 일차	.	강	쪽	점
106 일차	.	강	쪽	점	107 일차	.	강	쪽	점	108 일차	.	강	쪽	점
109 일차	.	강	쪽	점	110 일차	.	강	쪽	점	111 일차	.	강	쪽	점
112 일차	.	강	쪽	점	113 일차	.	강	쪽	점	114 일차	.	강	쪽	점
115 일차	.	강	쪽	점	116 일차	.	강	쪽	점	117 일차	.	강	쪽	점
118 일차	.	강	쪽	점	119 일차	.	강	쪽	점	120 일차	.	강	쪽	점
121 일차	.	강	쪽	점	122 일차	.	강	쪽	점	123 일차	.	강	쪽	점
124 일차	.	강	쪽	점	125 일차	.	강	쪽	점	126 일차	.	강	쪽	점
127 일차	.	강	쪽	점	128 일차	.	강	쪽	점	129 일차	.	강	쪽	점
130 일차	.	강	쪽	점	131 일차	.	강	쪽	점	132 일차	.	강	쪽	점
133 일차	.	강	쪽	점	134 일차	.	강	쪽	점	135 일차	.	강	쪽	점
136 일차	.	강	쪽	점	137 일차	.	강	쪽	점	138 일차	.	강	쪽	점

일정 계획	날짜	강	쪽수	Quiz 점수	일정 계획	날짜	강	쪽수	Quiz 점수	일정 계획	날짜	강	쪽수	Quiz 점수
139 일차	.	강	쪽	점	140 일차	.	강	쪽	점	141 일차	.	강	쪽	점
142 일차	.	강	쪽	점	143 일차	.	강	쪽	점	144 일차	.	강	쪽	점
145 일차	.	강	쪽	점	146 일차	.	강	쪽	점	147 일차	.	강	쪽	점
148 일차	.	강	쪽	점	149 일차	.	강	쪽	점	150 일차	.	강	쪽	점
151 일차	.	강	쪽	점	152 일차	.	강	쪽	점	153 일차	.	강	쪽	점
154 일차	.	강	쪽	점	155 일차	.	강	쪽	점	156 일차	.	강	쪽	점
157 일차	.	강	쪽	점	158 일차	.	강	쪽	점	159 일차	.	강	쪽	점
160 일차	.	강	쪽	점	161 일차	.	강	쪽	점	162 일차	.	강	쪽	점
163 일차	.	강	쪽	점	164 일차	.	강	쪽	점	165 일차	.	강	쪽	점
166 일차	.	강	쪽	점	167 일차	.	강	쪽	점	168 일차	.	강	쪽	점
169 일차	.	강	쪽	점	170 일차	.	강	쪽	점	171 일차	.	강	쪽	점
172 일차	.	강	쪽	점	173 일차	.	강	쪽	점	174 일차	.	강	쪽	점
175 일차	.	강	쪽	점	176 일차	.	강	쪽	점	177 일차	.	강	쪽	점
178 일차	.	강	쪽	점	179 일차	.	강	쪽	점	180 일차	.	강	쪽	점
181 일차	.	강	쪽	점	182 일차	.	강	쪽	점	183 일차	.	강	쪽	점
184 일차	.	강	쪽	점	185 일차	.	강	쪽	점	186 일차	.	강	쪽	점
187 일차	.	강	쪽	점	188 일차	.	강	쪽	점	189 일차	.	강	쪽	점
190 일차	.	강	쪽	점	191 일차	.	강	쪽	점	192 일차	.	강	쪽	점
193 일차	.	강	쪽	점	194 일차	.	강	쪽	점	195 일차	.	강	쪽	점
196 일차	.	강	쪽	점	197 일차	.	강	쪽	점	198 일차	.	강	쪽	점
199 일차	.	강	쪽	점	200 일차	.	강	쪽	점	201 일차	.	강	쪽	점
202 일차	.	강	쪽	점	203 일차	.	강	쪽	점	204 일차	.	강	쪽	점
205 일차	.	강	쪽	점	206 일차	.	강	쪽	점	207 일차	.	강	쪽	점
208 일차	.	강	쪽	점	209 일차	.	강	쪽	점	210 일차	.	강	쪽	점
211 일차	.	강	쪽	점	212 일차	.	강	쪽	점	213 일차	.	강	쪽	점
214 일차	.	강	쪽	점	215 일차	.	강	쪽	점	216 일차	.	강	쪽	점

일정 계획	날짜	강	쪽수	Quiz 점수	일정 계획	날짜	강	쪽수	Quiz 점수	일정 계획	날짜	강	쪽수	Quiz 점수
217 일차	.	강	쪽	점	218 일차	.	강	쪽	점	219 일차	.	강	쪽	점
220 일차	.	강	쪽	점	221 일차	.	강	쪽	점	222 일차	.	강	쪽	점
223 일차	.	강	쪽	점	224 일차	.	강	쪽	점	225 일차	.	강	쪽	점
226 일차	.	강	쪽	점	227 일차	.	강	쪽	점	228 일차	.	강	쪽	점
229 일차	.	강	쪽	점	230 일차	.	강	쪽	점	231 일차	.	강	쪽	점
232 일차	.	강	쪽	점	233 일차	.	강	쪽	점	234 일차	.	강	쪽	점
235 일차	.	강	쪽	점	236 일차	.	강	쪽	점	237 일차	.	강	쪽	점
238 일차	.	강	쪽	점	239 일차	.	강	쪽	점	240 일차	.	강	쪽	점
241 일차	.	강	쪽	점	242 일차	.	강	쪽	점	243 일차	.	강	쪽	점
244 일차	.	강	쪽	점	245 일차	.	강	쪽	점	246 일차	.	강	쪽	점
247 일차	.	강	쪽	점	248 일차	.	강	쪽	점	249 일차	.	강	쪽	점
250 일차	.	강	쪽	점										

차례

들어가기 전에   4

이 책은 어떻게 공부해야 할까요?   8

공부 계획표   12

1부 윤리의 근본 효

1강 부모님 덕분에 내가 존재해요.

신체발부 수지부모 身體髮膚 受之父母   22

2강 내가 아프면 부모님은 더 아파요.

불감훼상 효지시야 不敢毀傷 孝之始也   26

3강 바른 성공으로 바르게 효도해요.

입신행도 양명후세 立身行道 揚名後世   30

4강 부모님이 누구니?

이현부모 효지종야 以顯父母 孝之終也   34

5강 매일매일 인사 드려요.

혼필정욕 신필성후 昏必定褥 晨必省候   38

6강 하늘도 감동한 효자 이야기

설리구순 맹종지효 雪裡求筍 孟宗之孝   42

7강 진정한 효심에 악인도 감동한 이야기

고빙득리 왕상지효 叩氷得鯉 王祥之孝   46

8강 부모님께 정직하게 말해요.
평생일기 기죄여산 平生一欺 其罪如山 ················· 50

9강 부모님께 드린 약속은 꼭 지켜요.
약고서적 불부동왕 若告西適 不復東往 ················· 54

10강 부모님과 일상을 나누어요.
출필고지 반필배알 出必告之 返必拜謁 ················· 58

2부 개인수양 부터 해야 하는 이유

11강 나 자신을 스스로 살피는 사람이 되어요.
수신제가 치국지본 修身齊家 治國之本 ················· 62

12강 현명한 사람은 배움에 게으르지 않아요.
포식난의 일거무교 飽食暖衣 逸居無教 ················· 66

13강 올바르게 배워야 해요.
즉근금수 성인우지 即近禽獸 聖人憂之 ················· 70

14강 어려운 상황에도 열심히 공부해요.
주경야독 진사대명 晝耕夜讀 盡事待命 ················· 74

3부 개인수양의 올바른 생각

15강 집중해서 잘 보고 들으며 공부해요.
시사필명 청사필총 視思必明 聽思必聰 78

16강 진지하고 공손하게 배워요.
색사필온 모사필공 色思必溫 貌思必恭 82

17강 누구에게나 예의 있게 대해요.
언사필충 사사필경 言思必忠 事思必敬 86

18강 바른 태도로 대화를 나누어요.
의사필문 분사필난 疑思必問 忿思必難 90

19강 이익은 정당하게 얻어야 해요.
견득사의 시위구사 見得思義 是謂九思 94

4부 개인수양의 올바른 행동

20강 올바른 계획을 세워서 바르게 실천해요.
작사모시 출언고행 作事謀始 出言顧行 98

21강 신중하게 대답해야 해요.
상덕고지 연낙중응 常德固持 然諾重應 102

22강 예의는 겉모습에서도 드러나요.
족용필중 수용필공 足容必重 手容必恭 106

23강 단정한 태도와 자세로 생활해요.
목용필단 구용필지 目容必端 口容必止 110

24강 항상 고요한 목소리와 바른 자세를 유지해요.

성용필정 기용필숙 聲容必靜 氣容必肅 ⋯⋯⋯⋯ 114

25강 바른 자세에서 바른 모습이 드러나요.

두용필직 입용필덕 頭容必直 立容必德 ⋯⋯⋯⋯ 118

26강 좋은 표정으로 모두를 대해요.

색용필장 시위구용 色容必莊 是謂九容 ⋯⋯⋯⋯ 122

5부 사회 속에서 우리 모두가 같이 지켜야 하는 좋은 생각과 행동

27강 예의와 염치를 잃지 않도록 노력해요.

예의염치 시위사유 禮義廉恥 是謂四維 ⋯⋯⋯⋯ 126

28강 누구에게나 착한 마음이 있어요.

인의예지 인성지강 仁義禮智 人性之綱 ⋯⋯⋯⋯ 130

29강 함께 규칙을 지키며 생활해요.

덕업상권 과실상규 德業相勸 過失相規 ⋯⋯⋯⋯ 134

30강 서로 어려울 때 도우며 생활해요.

예속상교 환난상휼 禮俗相交 患難相恤 ⋯⋯⋯⋯ 138

31강 착하고 좋은 것만 생각해요.

비례물시 비례물청 非禮勿視 非禮勿聽 ⋯⋯⋯⋯ 142

32강 예의를 갖추어 말하고 행동해요.

비례물언 비례물동 非禮勿言 非禮勿動 ⋯⋯⋯⋯ 146

33강 윗사람은 모범이 되어야 해요.

군위신강 부위자강 君爲臣綱 父爲子綱 ⋯⋯⋯⋯ 150

34강 높은 사람이 될수록 큰 책임이 따라요.

부위부강 시위삼강 夫爲婦綱 是爲三綱 ·········· 154

35강 바람직한 관계를 지키며 생활해요.

부자유친 군신유의 父子有親 君臣有義 ·········· 158

36강 각각 지켜야 하는 바람직한 역할이 있어요.

부부유별 장유유서 夫婦有別 長幼有序 ·········· 162

37강 친구 사이에도 예절을 지켜요.

붕우유신 시위오륜 朋友有信 是謂五倫 ·········· 166

6부 벗과 함께 나누는 좋은 생각과 행동

38강 양보하는 마음을 가져요.

종신양반 부실일단 終身讓畔 不失一段 ·········· 170

39강 양보는 손해가 아니에요.

종신양로 불왕백보 終身讓路 不枉百步 ·········· 174

40강 좋은 친구를 사귀고 좋은 환경에서 지내요.

거필택린 취필유덕 居必擇隣 就必有德 ·········· 178

41강 친구와 함께 생활해요.

인지처세 불가무우 人之處世 不可無友 ·········· 182

42강 친구를 가려서 사귀어요.

택우교지 유소보익 擇友交之 有所補益 ·········· 186

43강 정직한 친구를 사귀어요.

우기정인 아역자정 友其正人 我亦自正 ·········· 190

44강 위험한 친구를 멀리해요.

종유사인 여역자사 從遊邪人 予亦自邪 ···················· 194

45강 어떤 사람과 가까이 지내야 할까요?

근묵자흑 근주자적 近墨者黑 近朱者赤 ···················· 198

7부 아름다운 나눔의 가치

46강 내가 먼저 친절하게 대해요.

아사인친 인사아친 我事人親 人事我親 ···················· 202

47강 친척끼리 서로 도우며 지내요.

빈궁환난 친척상구 貧窮患難 親戚相救 ···················· 206

48강 이웃에게 따뜻한 관심을 가져요.

환과고독 위지사궁 鰥寡孤獨 謂之四窮 ···················· 210

49강 베풀고 나누는 삶을 살아요.

발정시인 선시사자 發政施仁 先施四者 ···················· 214

50강 매일 선행을 실천해요.

적선지가 필유여경 積善之家 必有餘慶 ···················· 218

Quiz 정답 ···················· 222

1강   부모님 덕분에 내가 존재해요.

신 체 발 부   수 지 부 모
身體髮膚 受之父母

→ 신체와 머리카락과 피부는 부모에게서 받은 것이다.

엄마의 눈, 귀
아빠의 코, 입
=나

🔊 큰 소리로 읽어 보세요.

身 體 髮 膚　受 之 父 母

몸 신　몸 체　터럭 발　살갗 부　　받을 수　갈 지　아버지 부　어머니 모

신체와 머리카락과 피부는　　　부모에게서 받은 것이다.

더 읽어보기

이 세상의 모든 일은 원인과 결과로 이루어져 있고, 이를 줄여서 '인과'라고 합니다. 이 인과에서 원인을 찾는 일은 매우 중요합니다. 원인을 알아야 좋은 결과를 낼 수 있기 때문입니다. 원인이 없으면 결과도 존재하지 않습니다. 따라서 '나'라는 결과는 '어머니와 아버지의 만남'이라는 원인이 없다면 생기지 않았을 겁니다. '나'를 세상에 있게 해 준 부모님께 감사하는 마음을 갖길 바랍니다.

한자 알아보기

因	果
인할 인	열매 과

인과 : 원인과 결과

한자를 써 보세요.

身	體	髮	膚	受	之	父	母
몸 신	몸 체	터럭 발	살갗 부	받을 수	갈 지	아버지 부	어머니 모

이 한자는 이렇게 쓰여요

1) 間髮 (간발) : 아주 잠시
2) 白髮 (백발) : 하얗게 센 머리털
3) 皮膚 (피부) : 동물의 몸을 싸고 있는 조직
4) 當身 (당신) : 듣는 이를 가리키는 이인칭 대명사

마무리하기

오늘 학습한 '신체발부 수지부모'가 무슨 뜻인지
부모님이나 선생님 앞에서 말해 보세요.
잘했으면 붙임딱지를 찾아 붙여 주세요.

⬤ 다음 뜻에 맞는 한자를 써 보세요.

① 머리카락을 나타냄

② 피부를 나타냄

⬤ 빈칸에 알맞은 한자를 넣어 보세요.

① ⬜⬜ 의 차이로 기차를 놓쳤어.

② ⬜⬜ 은 이 문제에 대해 어떻게 생각하세요?

⬤ 다음 그림에 어울리는 대화를 완성해 보세요.

할아버지
흰머리가 왜 이렇게
늘었어요?

그러게, 어느새
⬜⬜ 이
다 되었구나.

2강 내가 아프면 부모님은 더 아파요.

불 감 훼 상 효 지 시 야

不敢毀傷 孝之始也

감히 헐어서 상하게 하지 않음이 효의 시작이다.

큰 소리로 읽어 보세요.

不	敢	毁	傷	孝	之	始	也
아니 불	감히 감	헐 훼	다칠 상	효도 효	갈 지	비로소 시	어조사 야

감히 헐어서 상하게 하지 않음이   효의 시작이다.

 더 읽어보기

단발령이라는 사건이 조선 말기 일제가 침략하는 과정에서 벌어졌습니다. 전통적으로 상투를 틀던 머리카락 대신 단정하고 짧은 머리를 나라에서 강제한 것이었습니다. 부모로부터 받은 소중한 몸을 효도의 시작이라고 배우고 실천했던 조선인들은 격렬하게 반대할 수밖에 없었습니다. 시대는 달라졌지만 자신의 몸을 소중히 하는 것이 효도의 시작임은 크게 변하지 않았습니다. 내가 다치면 부모님은 나보다 더 가슴 아파하시기 때문입니다.

 내가 아프거나 다쳤을 때 부모님께서 어떻게 해 주셨는지 써 보세요.

_____

_____

_____

한자를 써 보세요.

不	敢	毁	傷	孝	之	始	也
아니 불	감히 감	헐 훼	다칠 상	효도 효	갈 지	비로소 시	어조사 야

이 한자는 이렇게 쓰여요

1) 勇敢 (용감) : 용기가 있으며 씩씩하다
2) 毁損 (훼손) : 체면이나 명예를 손상함, 헐거나 깨뜨려 못 쓰게 만듦
3) 負傷 (부상) : 몸에 상처를 입음
4) 始初 (시초) : 맨 처음

마무리하기

오늘 학습한 '불감훼상 효지시야'가 무슨 뜻인지
부모님이나 선생님 앞에서 말해 보세요.
잘했으면 붙임딱지를 찾아 붙여 주세요.

① 다음 뜻에 맞는 한자를 써 보세요.

① 헐거나 깨뜨림   ② 시작을 나타냄

② 빈칸에 알맞은 한자를 넣어 보세요.

① 그는 내 명예를 [　][　] 시켰어.

② 주전 선수의 [　][　] 으로 팀 전력에 문제가 생겼다.

③ 다음 그림에 어울리는 대화를 완성해 보세요.

3강 바른 성공으로 바르게 효도해요.

입 신 행 도 양 명 후 세
立身行道 揚名後世

몸을 세워서(출세해서) 바른 길을 가고
이름을 후세에 날려라.

큰 소리로 읽어 보세요.

立 身 行 道   揚 名 後 世

설 립(입)   몸 신   다닐 행   길 도   날릴 양   이름 명   뒤 후   인간 세

몸을 세워서(출세해서) 바른 길을 가고   이름을 후세에 날려라.

 더 읽어보기

'입신'이라는 말은 세상에서 자기의 자리를 확실하게 세운다는 것을 의미합니다. 바로 성공, 출세를 뜻하지요. 그럼 출세를 해야 하는 이유는 무엇일까요? 행도(行道)를 하기 위해서입니다. 즉 세상에서 성공하려는 이유는 올바르고 착한 일을 많이 하여 바른 길로 걷기 위해서입니다.

이는 성공한 사람일수록 더 좋은 일을 많이 할 수 있기 때문입니다.

 성공한 사람 중에 사회에 많은 공헌을 한 인물에는 누가 있으며, 어떤 좋은 일을 했는지 조사해 봅시다.

_____

_____

_____

한자를 써 보세요.

立	身	行	道	揚	名	後	世
설 립(입)	몸 신	다닐 행	길 도	날릴 양	이름 명	뒤 후	인간 세

이 한자는 이렇게 쓰여요

1) 道路 (도로) : 사람이나 차가 다닐 수 있게 만든 길
2) 道理 (도리) : 사람이 마땅히 행해야 할 바른 길
3) 孝道 (효도) : 부모를 잘 섬기는 도리
4) 力道 (역도) : 역기를 들어 올리는 운동

마무리하기

오늘 학습한 '입신행도 양명후세'가 무슨 뜻인지
부모님이나 선생님 앞에서 말해 보세요.
잘했으면 붙임딱지를 찾아 붙여 주세요.

❶ 다음 뜻에 맞는 한자를 써 보세요.

① 날리다, 알려지다 　　　　　　② 이름을 나타냄

❷ 빈칸에 알맞은 한자를 넣어 보세요.

① 스승에게 제자 된 를 다했다.

② 그는 아버지가 살아 계신 동안 를 하지 못한 것을 후회한다.

❸ 다음 그림에 어울리는 대화를 완성해 보세요.

민식이법을 악용하여 　　　에 일부러 뛰어들면 안 돼요.

네, 주의하겠습니다.

以顯父母 孝之終也

이 현 부 모 효 지 종 야

> 부모의 명성을 드러냄이 효도의 마침이다.

큰 소리로 읽어 보세요.

以	顯	父	母	孝	之	終	也
써 이	나타날 현	아비 부	어미 모	효도 효	갈 지	마칠 종	어조사 야

부모의 명성을 드러냄이   효도의 마침이다.

 더 읽어보기

조선 때 훌륭한 관리이자 학자인 '이이'라는 분이 계셨습니다. 우리는 그 업적을 기리기 위해서 그분의 모습을 오천 원 권 지폐에 그려 놓았습니다. 이분이 훌륭한 위인으로 성장한 데에는 어머님의 역할도 매우 중요했습니다. 그래서 무려 오만 원 지폐에 그분의 모습을 새겨 놓고 기억하고 있습니다.

여러분도 눈치채셨지요? '이이'의 어머님은 '신사임당'입니다.

'이이'는 훌륭한 사람이 되어 부모님의 명성을 알렸고 이것이 '이현부모'입니다. 여러분도 부모님께 나중에 부모님 얼굴을 지폐에서 볼 수 있게 하겠다고 말씀드려 보세요.

✏ **여러분은 나중에 어떻게 부모님의 명성을 드러 낼 수 있을지 생각 해보고 써 보세요.**

한자를 써 보세요.

以	顯	父	母	孝	之	終	也
써 이	나타날 현	아비 부	어미 모	효도 효	갈 지	마칠 종	어조사 야

이 한자는 이렇게 쓰여요

1) 顯微鏡 (현미경) : 작은 물체를 확대해서 보는 기구
2) 終了 (종료) : 어떤 행동이나 일 따위가 끝남
3) 終末 (종말) : 계속된 일이나 현상의 맨 끝
4) 最終 (최종) : 맨 나중

마무리하기

오늘 학습한 '이현부모 효지종야'가 무슨 뜻인지
부모님이나 선생님 앞에서 말해 보세요.
잘했으면 붙임딱지를 찾아 붙여 주세요.

Quiz

❶ 다음 뜻에 맞는 한자를 써 보세요.

① 나타나다 ☐☐ ② 마치다 ☐☐

❷ 빈칸에 알맞은 한자를 넣어 보세요.

① 세기 말이 되자 지구의 ☐☐ 이 찾아올 것이라는 소문이 생겼다.

② ☐☐ 결정은 아버지가 내리실 거야.

❸ 다음 그림에 어울리는 대화를 완성해 보세요.

지금 무엇을 보고 있는 거야?

☐☐☐ 으로 세포 조직을 관찰 중이야.

혼 필 정 욕 신 필 성 후
昏必定褥 晨必省候

저녁에는 반드시 부모님 이부자리를 정리하고
새벽에는 반드시 부모님의 안부를 살펴라.

저녁에
부모님의 이부자리를
정리하고

새벽에
부모님의 안부를
살피니

이것이
효의 근본이라.

큰 소리로 읽어 보세요.

昏	必	定	褥
어두울 혼	반드시 필	정할 정	요 욕

저녁에는 반드시 (부모님의)
이부자리를 정리하고

晨	必	省	候
새벽 신	반드시 필	살필 성	기후 후

새벽에는 반드시 부모님의 안부를
살펴라.

더 읽어보기

저녁에 부모님의 잠자리를 살피고 부모님이 새벽에 일어나시면 안부를 묻는
다는 뜻으로 '효'를 뜻할 때 자주 쓰는 표현입니다. '혼필정욕 신필성후'를 줄
여서 '혼정신성'이라는 말로 쓰이기도 합니다.

이 '혼정신성'이라는 성어는 지금도 교과서는 물론이고 일상생활에서도 자주
쓰는 표현입니다.

한자 알아보기

昏	定	晨	省
어두울 혼	정할 정	새벽 신	살필 성

혼정신성 : 자식이 아침저녁으로 부모
님의 안부를 물어서 살핌

한자를 써 보세요.

昏	必	定	褥	晨	必	省	候
어두울 혼	반드시 필	정할 정	요 욕	새벽 신	반드시 필	살필 성	기후 후

🔔 **이 한자는 이렇게 쓰여요**

1) 昏絶 (혼절) : 정신이 아찔하여 까무러침
2) 黃昏 (황혼) : 해가 지고 어스름해질 때
3) 反省 (반성) : 자신의 언행에 대하여 잘못이나 부족함이 없는지 돌이켜 봄
4) 省察 (성찰) : 자기의 마음을 반성하고 살핌

💙 **마무리하기**

오늘 학습한 '혼필정욕 신필성후'가 무슨 뜻인지
부모님이나 선생님 앞에서 말해 보세요.
잘했으면 붙임딱지를 찾아 붙여 주세요.

❶ 다음 뜻에 맞는 한자를 써 보세요.

① 어둠을 나타냄   ② 이불(요)을 나타냄

❷ 빈칸에 알맞은 한자를 넣어 보세요.

① 아들의 사고 소식에 어머니가 했다.

② 새벽부터 밭에 나간 농부가  무렵이 되어서야 집으로 돌아왔다.

❸ 다음 그림에 어울리는 대화를 완성해 보세요.

너는 왜 ⬜⬜의 기미가 보이지 않니?

이번 일은 제가 잘못했다고 생각하지 않아요.

6강 하늘도 감동한 효자 이야기

설 리 구 순 맹 종 지 효
雪裡求筍 孟宗之孝

눈 속에서 죽순을 구해옴은 맹종의 효도이다.

큰 소리로 읽어 보세요.

雪 裡 求 筍 　 孟 宗 之 孝
눈 설　속 리　구할 구　죽순 순　　　맏 맹　마루 종　갈 지　효도 효

눈 속에서 죽순을 구해옴은　　　　　맹종의 효도이다.

 더 읽어보기

옛날 중국에 '맹종'이라는 사람이 살았습니다. 늙고 병든 어머니께서 한겨울에 죽순이 드시고 싶다고 하여 맹종이 산 속을 하루 종일 뒤졌으나 너무 추운 겨울이기에 찾을 수가 없었습니다. 맹종은 너무 슬퍼서 눈물을 흘렸고 하늘이 그 정성에 감동해서 맹종에게 죽순을 내려 주었습니다. 그 죽순을 드신 어머니는 건강해지셨고, 그래서 '맹종설순'이라는 고사가 유명해졌습니다.

✏️ 부모님이 편찮으실 때 여러분이 했던 효도에는 무엇이 있는지 써 보세요.

_____

_____

_____

한자를 써 보세요.

雪	裡	求	筍	孟	宗	之	孝
눈 설	속 리	구할 구	죽순 순	맏 맹	마루 종	갈 지	효도 효

이 한자는 이렇게 쓰여요

1) 降雪 (강설) : 눈이 내림
2) 白雪 (백설) : 흰 눈
3) 雪糖 (설탕) : 맛이 단 조미료
4) 除雪 (제설) : 쌓인 눈을 치움

마무리하기

오늘 학습한 '설리구순 맹종지효'가 무슨 뜻인지
부모님이나 선생님 앞에서 말해 보세요.
잘했으면 붙임딱지를 찾아 붙여 주세요.

? Quiz

❶ 다음 뜻에 맞는 한자를 써 보세요.

① 눈을 나타냄 ☐ ② 죽순을 나타냄 ☐

❷ 빈칸에 알맞은 한자를 넣어 보세요.

① ☐☐ 섭취량을 줄여야 살이 빠져.

② ☐☐ 로 뒤덮인 마을은 매우 평화로워 보였다.

❸ 다음 그림에 어울리는 대화를 완성해 보세요.

지금 무엇을 하고 계세요?

간밤에 눈이 많이 와서 ☐☐ 작업 중이란다.

7강 진정한 효심에 악인도 감동한 이야기

고 빙 득 리 왕 상 지 효
叩氷得鯉 王祥之孝

얼음을 깨고 잉어를 얻음은 왕상의 효도이다.

큰 소리로 읽어 보세요.

叩	氷	得	鯉	王	祥	之	孝
두드릴 고	얼음 빙	얻을 득	잉어 리	임금 왕	상서 상	갈 지	효도 효

얼음을 깨고 잉어를 얻음은   왕상의 효도이다.

 더 읽어보기

옛날 중국에 '왕상'이라는 이름난 효자가 살았습니다. 왕상은 어릴 때 어머니가 돌아가시고 계모가 집에 들어왔는데 『콩쥐팥쥐』나 『신데렐라』에 나오는 나쁜 새어머니여서 왕상을 계속 괴롭혔습니다. 하지만 왕상은 그 나쁜 계모에게 지극정성을 다했습니다. 위에서처럼 한겨울에 얼음을 깨뜨리고 잉어를 가져와서 대접하는 등의 여러 가지 효도를 하였고, 한결같은 그 모습에 계모도 감동을 받아 착한 사람이 되었습니다. 그 후 계모는 왕상을 친아들처럼 아끼게 되었습니다. 이렇게 진실된 마음은 사람을 움직일 수 있답니다.

한자 알아보기

繼	母
이을 계	어머니 모

계모 : 아버지의 후처

한자를 써 보세요.

叩	氷	得	鯉	王	祥	之	孝
두드릴 고	얼음 빙	얻을 득	잉어 리	임금 왕	상서 상	갈 지	효도 효

이 한자는 이렇게 쓰여요

1) 結氷 (결빙) : 물이 얼어붙음
2) 氷庫 (빙고) : 얼음을 넣어두는 창고
3) 氷水 (빙수) : 얼음물
4) 氷板 (빙판) : 얼음이 깔린 바닥

마무리하기

오늘 학습한 '고빙득리 왕상지효'가 무슨 뜻인지
부모님이나 선생님 앞에서 말해 보세요.
잘했으면 붙임딱지를 찾아 붙여 주세요.

① 다음 뜻에 맞는 한자를 써 보세요.

① 얼음을 나타냄 [ ]　　　　　② 잉어를 나타냄 [ ]

② 빈칸에 알맞은 한자를 넣어 보세요.

① 조선시대에는 얼음을 보관해 두는 창고인 [ ][ ] 가 있었습니다.

② 밤사이 눈이 많이 내려 도로에 [ ][ ] 구간이 많습니다.

③ 다음 그림에 어울리는 대화를 완성해 보세요.

방금
[ ][ ] 에서
미끄러져서 조금
다친 것 같구나.

할아버지
다리
다치셨어요?

8강 부모님께 정직하게 말해요.

평생일기 기죄여산
平生一欺 其罪如山

> 평생에 한 번이라도 (부모님을) 속이면
> 그 죄는 태산과 같다.

큰 소리로 읽어 보세요.

平 生 一 欺   其 罪 如 山
평평할 평 날 생 하나 일 속일 기   그 기 허물 죄 같을 여 뫼 산

평생에 한 번이라도 (부모님을) 속이면   그 죄가 태산과 같다.

 더 읽어보기

거짓말을 해서는 안 됩니다. 아무리 작은 거짓말이라 하더라도 그 거짓말이 원인이 되어서 자꾸 다른 거짓말을 하게 되고 이 거짓말들이 불어나서 큰 산처럼 되기 때문입니다. 특히 함께 사는 부모님께 거짓말을 하게 된다면 거짓말이 불어나는 속도가 빠르기에 그 잘못은 매우 클 수밖에 없습니다.

부모님께 거짓말을 한 적이 있나요? 있다면 어떤 거짓말을 했는지 써 보세요.

한자를 써 보세요.

平	生	一	欺	其	罪	如	山
평평할 평	날 생	하나 일	속일 기	그 기	허물 죄	같을 여	뫼 산

이 한자는 이렇게 쓰여요

1) 公平 (공평) : 어느 쪽에 기울이지 않고 공정함

2) 不平 (불평) : 마음에 들거나 차지 않아 못마땅하게 여김

3) 平價 (평가) : 사람이나 사물의 가치를 판단함

4) 平和 (평화) : 평온하고 화목함

마무리하기

오늘 학습한 '평생일기 기죄여산'이 무슨 뜻인지
부모님이나 선생님 앞에서 말해 보세요.
잘했으면 붙임딱지를 찾아 붙여 주세요.

!? Quiz

❶ 다음 뜻에 맞는 한자를 써 보세요.

① 속이다 ⬜⬜   ② ~와 같다 ⬜⬜

❷ 빈칸에 알맞은 한자를 넣어 보세요.

① 그의 그림은 미술 애호가들에게 좋은 ⬜⬜ 를 받았다.

② 꽤 힘든 일이었지만 그 친구는 아무런 ⬜⬜ 없이 도와주었다.

❸ 다음 그림에 어울리는 대화를 완성해 보세요.

9강 부모님께 드린 약속은 꼭 지켜요.

약 고 서 적 불 부 동 왕

若告西適 不復東往

만약 서쪽으로 간다고 (부모님께) 말씀드렸다면
동쪽으로 가지 마라.

큰 소리로 읽어 보세요.

若 告 西 適   不 復 東 往

같을 약   알릴 고   서녘 서   맞을 적   아니 불   다시 부   동녘 동   갈 왕

만약 서쪽으로 간다고   동쪽으로 가지 마라.
(부모님께) 말씀드렸다면

* '復'자는 '회복할 복'으로 읽기도 하고, '다시 부'로 읽기도 합니다.

 더 읽어보기

'약고서적 불부동왕'은 크게 두 가지 의미가 있는데 첫 번째는 거짓말을 하지 말라는 것입니다. 부모님께 서쪽으로 간다고 했으면서 몰래 동쪽으로 간다는 것은 나쁜 거짓말이기 때문입니다. 두 번째는 자신이 한 말은 지켜야 한다는 의미도 가지고 있습니다. 내가 서쪽으로 간다고 말했으면 자신의 말을 지켜서 서쪽으로 가는 것이 올바른 것이기 때문입니다. 거짓을 말하지 말고 자신이 내뱉은 말은 반드시 지킵시다.

✎ **새학기 때 여러분이 다짐했던 일을 한 가지 써보고, 잘 지켜지고 있는지 되돌아 보세요.**

_____

_____

_____

한자를 써 보세요.

若	告	西	適	不	復	東	往
같을 약	알릴 고	서녘 서	맞을 적	아니 불	다시 부	동녘 동	갈 왕

이 한자는 이렇게 쓰여요

1) 光復 (광복) : 빼앗긴 주권을 도로 찾음

2) 復習 (복습) : 배운 것을 다시 익혀 공부함

3) 復活 (부활) : 죽었다가 다시 살아남

4) 復興 (부흥) : 쇠퇴하였던 것이 다시 일어남

마무리하기

오늘 학습한 '약고서적 불부동왕'이 무슨 뜻인지
부모님이나 선생님 앞에서 말해 보세요.
잘했으면 붙임딱지를 찾아 붙여 주세요.

❶ 다음 뜻에 맞는 한자를 써 보세요.

① 알리다    ② 맞서다

❷ 빈칸에 알맞은 한자를 넣어 보세요.

① 많은 사람들이 조국의 ⬜⬜ 을 위해 목숨을 바쳤다.

② 매일 ⬜⬜ 을 철저히 했더니 성적이 많이 올랐다.

❸ 다음 그림에 어울리는 대화를 완성해 보세요.

그 대학에서 논술 시험을 ⬜⬜ 시켰대.

수능 시험만으로는 변별력이 없다고 생각했구나.

10강 부모님과 일상을 나누어요.

출 필 고 지 반 필 배 알
出必告之 返必拜謁

외출할 때는 반드시 아뢰고
돌아와서는 반드시 절하고 뵈어라.

큰 소리로 읽어 보세요.

出 必 告 之   返 必 拜 謁

날 출   반드시 필   알릴 고   갈 지   돌이킬 반 반드시 필   절 배   뵐 알

외출할 때는 반드시 아뢰고   돌아와서는 반드시 절하고 뵈어라.

 더 읽어보기

혼자 외출을 한다는 것은 부모님의 보호에서 벗어나 스스로 집 밖에서 자신을 책임지는 것을 말합니다. 그래서 부모님은 늘 외출한 자녀를 걱정할 수밖에 없습니다. 부모님의 걱정을 조금이나마 덜어드리기 위해 나가기 전에 반드시 말씀드리고 돌아와서는 무사히 돌아온 것을 알려드려야 합니다.

여러분은 외출 시 주로 몇 시까지 집에 돌아와야 하나요? 만약 늦게 되면 어떻게 해야 하나요?

_____

_____

_____

한자를 써 보세요.

出	必	告	之	返	必	拜	謁
날 출	반드시 필	알릴 고	갈 지	되돌릴 반	반드시 필	절 배	뵐 알

이 한자는 이렇게 쓰여요

1) 拜謁 (배알) : 높거나 존경하는 사람을 찾아가 뵘
2) 歲拜 (세배) : 섣달 그믐이나 정초에 웃어른께 인사로 하는 절
3) 告白 (고백) : 숨긴 일이나 생각한 바를 사실대로 솔직하게 말함
4) 忠告 (충고) : 남의 잘못을 고치도록 타이름

마무리하기

오늘 학습한 '출필고지 반필배알'이 무슨 뜻인지
부모님이나 선생님 앞에서 말해 보세요.
잘했으면 붙임딱지를 찾아 붙여 주세요.

❶ 다음 뜻에 맞는 한자를 써 보세요.

　① 되돌리다 　　　　　　② 절하다

❷ 빈칸에 알맞은 한자를 넣어 보세요.

　① 그녀는 자기가 거짓말을 했다고 순순히  했다.

　②  가 끝나고 할머니는 손자들에게 세뱃돈을 주셨다.

❸ 다음 그림에 어울리는 대화를 완성해 보세요.

아빠 금연하기로 결심했어!

드디어 엄마의 　　　를 받아들이셨군요!

수 신 제 가 치 국 지 본
修身齊家 治國之本

↪ 몸을 닦고 집을 정제함은 나라를 다스리는 근본이다.

큰 소리로 읽어 보세요.

修 身 齊 家　治 國 之 本

닦을 수　　몸 신　　가지런할 제　　집 가　　　　다스릴 치　　나라 국　　갈 지　　근본 본

몸을 닦고 집을 정제함은　　　　　　　나라를 다스리는 근본이다.

 더 읽어보기

자신의 인격을 우선 수양해야 집안에서 자신의 의견이 힘을 갖고 다른 가족
구성원들도 이를 받아들일 수 있습니다. 나라도 마찬가지입니다. 올바른 집
안에 있는 올바른 사람이 자기 목소리를 낼 수 있을 때 나라가 올바른 방향
으로 갈 수 있게 됩니다. 따라서 내가 올바른 인격을 수양한다는 것은 작게
는 '나'를 위해서이고 크게는 '나라'를 위한 일입니다.

✏️ 여러분이 생각하는 올바른 인격을 갖춘 사람은 어떤 사람인지 써 보세요.

_____

_____

_____

한자를 써 보세요.

修	身	齊	家	治	國	之	本
닦을 수	몸 신	가지런할 제	집 가	다스릴 치	나라 국	갈 지	근본 본

이 한자는 이렇게 쓰여요

1) 整齊 (정제) : 정돈하여 가지런히 함
2) 政治 (정치) : 나라를 다스리는 일
3) 治安 (치안) : 나라를 편안하게 다스림
4) 退治 (퇴치) : 물리쳐서 아주 없애버림

마무리하기

오늘 학습한 '수신제가 치국지본'이 무슨 뜻인지
부모님이나 선생님 앞에서 말해 보세요.
잘했으면 붙임딱지를 찾아 붙여 주세요.

!? Quiz

❶ 다음 뜻에 맞는 한자를 써 보세요.

① 가지런히 하다 ☐

② 다스리다 ☐

❷ 빈칸에 알맞은 한자를 넣어 보세요.

① 투표는 국민이 ☐☐ 에 참여하는 방법 중 하나이다.

② 저작권협회에서 주최하는 불법 복제물 ☐☐ 운동이 오늘 오후

광화문에서 열릴 예정이다.

❸ 다음 그림에 어울리는 대화를 완성해 보세요.

나 이번에
부모님과 홍콩으로
여행 가.

홍콩은
☐☐ 이 잘된
곳이라고 들었어.
즐거운 시간 보내.

12강 현명한 사람은 배움에 게으르지 않아요.

포 식 난 의 일 거 무 교
飽食暖衣 逸居無教

배불리 먹고 따뜻하게 입는 것에
만족하고 가르치지 않는다면

큰 소리로 읽어 보세요.

飽　食　暖　衣　　逸　居　無　教

배부를 포　밥 식　따뜻할 난　옷 의　　편안할 일　살 거　없을 무　가르칠 교

배불리 먹고 따뜻하게 입는 것에　　만족하고 가르치지 않는다면

 더 읽어보기

배부르고 따뜻하게 지낸다는 말은 하루 종일 부족함 없이 놀면서 시간을 보내다는 말입니다. 매일 놀고 먹으면서 만족스럽게 지내고 도덕이나 공부를 배우지 않으면 어떤 일이 일어날까요? 수신(修身)이 되지 않으니 '나' 자신에게 손해이고 그러면 제가(齊家)가 되지 않으니 집안의 망신이며 당연히 치국(治國)이 되지 않으니 국가적 손해입니다.

복습해 보아요

修身 (수신) : 마음과 행실을 바르게 함
齊家 (제가) : 집안을 바로 다스리는 일
治國 (치국) : 나라를 다스림

한자를 써 보세요.

飽	食	暖	衣	逸	居	無	教
배부를 포	밥 식	따뜻할 난	옷 의	편안할 일	살 거	없을 무	가르칠 교

이 한자는 이렇게 쓰여요

1) 飽食 (포식) : 배부르게 먹음
2) 教師 (교사) : 학문이나 기예를 가르치는 스승
3) 教習 (교습) : 가르쳐서 익히게 함
4) 教室 (교실) : 학교에서 학습이 이루어지는 방

마무리하기

오늘 학습한 '포식난의 일거무교'가 무슨 뜻인지
부모님이나 선생님 앞에서 말해 보세요.
잘했으면 붙임딱지를 찾아 붙여 주세요.

❶ 다음 뜻에 맞는 한자를 써 보세요.

① 따뜻하다 ▢ ② 살다 ▢

❷ 빈칸에 알맞은 한자를 넣어 보세요.

① 오늘 뷔페에서 ▢▢ 할 수 있겠군.

② 요즘은 초등학교에서도 원어민 ▢▢ 가 영어를 가르친다.

❸ 다음 그림에 어울리는 대화를 완성해 보세요.

올바르게 배워야 해요.

즉 근 금 수 성 인 우 지
即近禽獸 聖人憂之

↪ 곧 금수와 가까워지니 성인은 이를 근심한다.

몇 년 후

큰 소리로 읽어 보세요.

即 近 禽 獸
곧 즉   가까울 근   새 금   짐승 수

聖 人 憂 之
성인 성   사람 인   근심 우   갈 지

곧 금수와 가까워지니

성인은 이를 근심한다.

 더 읽어보기

1990년대 초반 사람들이 늑대 무리 속에서 살고 있는 소녀 두 명을 구출했습니다. 그 소녀들은 늑대가 어릴 때부터 키웠던 아이들로 구출 당시 행동들이 사람보다는 금수에 훨씬 가까웠습니다. 많은 사람들이 노력했으나 두 소녀 모두 인간 사회에 적응하지 못해서 오래 살지 못했습니다. 어릴 때 올바른 배움이 없다면 평생 짐승과 같은 삶을 벗어날 수 없게 됩니다.

여러분이 만약 이 늑대 소녀들을 만난다면 인간 세상에 적응할 수 있도록 어떤 정보를 주고 어떻게 도와줄지 써 보세요.

한자를 써 보세요.

即	近	禽	獸	聖	人	憂	之
곧 즉	가까울 근	새 금	짐승 수	성인 성	사람 인	어리석을 우	갈 지

이 한자는 이렇게 쓰여요

1) 禽獸 (금수) : 모든 짐승을 뜻함

2) 聖人 (성인) : 사리에 통달하고, 덕과 지혜가 뛰어나 만인의 스승이 될 만한 사람을 일컫는 말

3) 家禽 (가금) : 닭, 오리, 거위 등과 같이 알이나 고기를 식용으로 하기 위해 집에서 기르는 날짐승

4) 猛禽 (맹금) : 매, 독수리와 같이 성질이 사납고 몸이 굳센 날짐승

마무리하기

오늘 학습한 '즉근금수 성인우지'가 무슨 뜻인지
부모님이나 선생님 앞에서 말해 보세요.
잘했으면 붙임딱지를 찾아 붙여 주세요.

!? Quiz

❶ 다음 뜻에 맞는 한자를 써 보세요.

① 짐승을 나타냄 　　　② 어리석다

❷ 빈칸에 알맞은 한자를 넣어 보세요.

① 조류 독감 때문에 정부에서 모든  류를 폐사시켰다.

② 역사상 위대한  의 사상은 후세 사람들에게도 지대한 영향을

미친다.

❸ 다음 그림에 어울리는 대화를 완성해 보세요.

14강 어려운 상황에도 열심히 공부해요.

晝耕夜讀 盡事待命

주 경 야 독 진 사 대 명

낮에는 밭을 갈고 밤에는 공부해서
일을 다하고 하늘의 명을 기다려라.

📢 큰 소리로 읽어 보세요.

晝	耕	夜	讀
낮 주	밭갈 경	밤 야	읽을 독

낮에는 밭을 갈고 밤에는 공부해서

盡	事	待	命
다할 진	일 사	기다릴 대	목숨 명

일을 다하고 하늘의 명을 기다려라.

🔍 더 읽어보기

'주경야독'은 어려운 환경에서도 열심히 공부하는 것을 말하는 사자성어로 굉장히 널리 쓰이고 있는 말입니다. 어려운 환경에서 스스로 노력해서 성공하는 '자수성가'라는 말과 함께 쓰일 때가 많습니다. 예를 들어 '오바마 전 미국 대통령은 주경야독을 통해 자수성가를 이루었다'와 같이 쓰입니다.

❗ 한자 알아보기

自	手	成	家
스스로 자	손 수	이룰 성	집 가

자수성가 : 물려받은 재산 없이 스스로의 힘으로 일가(一家)를 이룸, 스스로의 힘으로 사업을 이룩하거나 큰일을 이룸

한자를 써 보세요.

晝	耕	夜	讀	盡	事	待	命
낮 주	밭갈 경	밤 야	읽을 독	다할 진	일 사	기다릴 대	목숨 명

이 한자는 이렇게 쓰여요

1) 耕作 (경작) : 토지를 갈아서 농작물을 심음
2) 農耕 (농경) : 논밭을 갈아 농사를 짓는 일
3) 期待 (기대) : 희망을 가지고 기약한 것을 기다림
4) 招待 (초대) : 사람을 불러서 대접함

마무리하기

오늘 학습한 '주경야독 진사대명'이 무슨 뜻인지
부모님이나 선생님 앞에서 말해 보세요.
잘했으면 붙임딱지를 찾아 붙여 주세요.

① 다음 뜻에 맞는 한자를 써 보세요.

① 낮을 나타냄

② 목숨을 나타냄

② 빈칸에 알맞은 한자를 넣어 보세요.

① 철제 농기구의 사용으로 　　　　　　사회가 발달했다.

② 소작농은 다른 사람의 땅을 빌려 　　　　　한다.

③ 다음 그림에 어울리는 대화를 완성해 보세요.

내일 내 생일이야.
우리 집에
 할게.

어머! 생일 축하해.
혹시 갖고 싶은
선물이 있니?

시 사 필 명 청 사 필 총
視思必明 聽思必聰

볼 때에 반드시 밝게 볼 것을 생각하고
들을 때는 반드시 밝게 들을 것을 생각하라.

큰 소리로 읽어 보세요.

視 思 必 明
볼 시   생각 사   반드시 필   밝을 명

볼 때에 반드시 밝게 볼 것을
생각하고

聽 思 必 聰
들을 청   생각 사   반드시 필   귀밝을 총

들을 때는 반드시 밝게 들을 것을
생각하라.

 더 읽어보기

'시사필명 청사필총'은 수신(修身)의 출발점으로 배움과 공부에 대한 말입니
다. 즉 책을 읽을 때 집중하여 정확하고 분명하게 읽어서 실수가 없도록 하
고, 선생님 말씀을 들을 때 집중해서 정확하고 분명하게 들어서 실수가 없도
록 하라는 말입니다. 이는 세상의 모든 일에 적용되는 가장 기본적인 배움과
소통의 자세입니다.

여러분이 최근 읽은 책 중 가장 인상 깊었던 내용이 있다면 간단히 써 보세요.

_____

_____

_____

한자를 써 보세요.

視	思	必	明	聽	思	必	聰
볼 시	생각 사	반드시 필	밝을 명	들을 청	생각 사	반드시 필	귀밝을 총

이 한자는 이렇게 쓰여요

1) 視聽 (시청) : 눈으로 보고 귀로 들음
2) 明白 (명백) : 의심할 바 없이 아주 뚜렷함
3) 文明 (문명) : 인류가 이룩한 물질적, 기술적, 사회 구조적인 발전
4) 分明 (분명) : 틀림없이 확실하게

마무리하기

오늘 학습한 '시사필명 청사필총'이 무슨 뜻인지
부모님이나 선생님 앞에서 말해 보세요.
잘했으면 붙임딱지를 찾아 붙여 주세요.

❶ 다음 뜻에 맞는 한자를 써 보세요.

① 생각하다

② 듣다

❷ 빈칸에 알맞은 한자를 넣어 보세요.

① 텔레비전 　　　　　 시간을 줄이고, 독서 시간을 늘려야 한다.

② 원주민들의 　　　　　 이 뒤떨어진다고 생각하는 것은 우리의 착각일지

도 모른다.

❸ 다음 그림에 어울리는 대화를 완성해 보세요.

진지하고 공손하게 배워요.

색 사 필 온 모 사 필 공
色思必溫 貌思必恭

얼굴빛은 반드시 따뜻하게 할 것을 생각하고
얼굴 모습은 반드시 공손하게 할 것을 생각하라.

큰 소리로 읽어 보세요.

色 思 必 溫　　貌 思 必 恭

빛 색　생각 사　반드시 필　따뜻할 온　　모양 모　생각 사　반드시 필　공손할 공

얼굴빛은 반드시 따뜻하게 할 것을
생각하고

얼굴 모습은 반드시
공손하게 할 것을 생각하라.

 더 읽어보기

배움과 소통에서 올바른 얼굴빛과 모습은 매우 중요합니다. 학교에서 선생님께 수업을 듣는 일은 배움과 동시에 소통입니다. 수업 시간에 계속해서 장난스러운 표정을 짓는다면 이는 배움을 제대로 하지 않는 것이고, 선생님과 잘못된 소통을 하는 것입니다. 많은 상황에서 진지하게 집중하는 얼굴은 '나'에게 큰 도움이 됩니다.

 수업 시간에 여러분의 얼굴 표정을 자유롭게 그려보세요.

한자를 써 보세요.

色	思	必	溫	貌	思	必	恭
빛 색	생각 사	반드시 필	따뜻할 온	모양 모	생각 사	반드시 필	공손할 공

이 한자는 이렇게 쓰여요

1) 色相 (색상) : 색깔
2) 生色 (생색) : 다른 사람에게 당당히 나설 수 있거나 자랑할 수 있는 체면
3) 正色 (정색) : 얼굴에 엄정한 빛을 나타냄
4) 特色 (특색) : 보통의 것과 다른 점

마무리하기

오늘 학습한 '색사필온 모사필공'이 무슨 뜻인지
부모님이나 선생님 앞에서 말해 보세요.
잘했으면 붙임딱지를 찾아 붙여 주세요.

❶ 다음 뜻에 맞는 한자를 써 보세요.

① 따뜻하다   ② 공손하다

❷ 빈칸에 알맞은 한자를 넣어 보세요.

① 집안일은 아무리 잘해도 이 나지 않는다.

② 너는 밝은 의 옷이 잘 어울려.

❸ 다음 그림에 어울리는 대화를 완성해 보세요.

17강 누구에게나 예의 있게 대해요.

언 사 필 충 사 사 필 경
言思必忠 事思必敬

→ 말은 반드시 진지하게 할 것을 생각하고
모든 일에 예의 바름을 생각하라.

큰 소리로 읽어 보세요.

言 思 必 忠
말씀 언 생각 사 반드시 필 충성 충

事 思 必 敬
일 사 생각 사 반드시 필 공경 경

말은 반드시 진지하게 할 것을
생각하고

모든 일에 예의 바름을 생각하라.

 더 읽어보기

수신(修身)에서 말과 행동의 예의 바름에 대한 이야기입니다. 말을 하기 전에 내가 하려는 말이 올바르고 진실된 말인지 생각해 보고, 행동을 하기 전에 내가 하려는 일이 올바르고 예의 바른 태도인지 생각해 보라는 말입니다. 말과 행동을 하기 전에 한 번 더 진지하게 생각하는 태도는 '나'를 올바른 어른으로 만들어 주는 데 큰 힘이 됩니다.

올바르게 말하고 행동하려면 어떤 노력을 하는 것이 좋을까요?

_____

_____

_____

한자를 써 보세요.

言	思	必	忠	事	思	必	敬
말씀 언	생각 사	반드시 필	충성 충	일 사	생각 사	반드시 필	공경 경

이 한자는 이렇게 쓰여요

> 1) 敬虔 (경건) : 위대한 대상 앞에서 우러르는 마음으로 조심하는 상태
> 2) 敬禮 (경례) : 공경의 뜻을 나타내는 인사
> 3) 敬語 (경어) : 존경하여 부르는 말
> 4) 恭敬 (공경) : 공손히 섬김

마무리하기

오늘 학습한 '언사필충 사사필경'이 무슨 뜻인지
부모님이나 선생님 앞에서 말해 보세요.
잘했으면 붙임딱지를 찾아 붙여 주세요.

① 다음 뜻에 맞는 한자를 써 보세요.

    ① 말을 나타냄 ⬜   ② 공경하다 ⬜

② 빈칸에 알맞은 한자를 넣어 보세요.

    ① 외국인이 우리말을 배울 때 ⬜⬜ 를 가장 어려워한다.

    ② 모두 ⬜⬜ 한 마음으로 국기에 대한 ⬜⬜ 를 했다.

③ 다음 그림에 어울리는 대화를 완성해 보세요.

다음 주부터
할아버지와 같이 살 거야.
할아버지를 잘
⬜⬜ 해야 한다.

네, 걱정 마세요.
할아버지가 오셔서
저도 기뻐요.

의 사 필 문 분 사 필 난
疑思必問 憤思必難

의문이 생기면 반드시 묻고
분노가 생기면 반드시 이후의 어려움을 생각하라.

큰 소리로 읽어 보세요.

疑　思　必　問　　　　憤　思　必　難

의심할 의　생각 사　반드시 필　물을 문　　　분할 분　생각 사　반드시 필　어려울 난

의문이 생기면 반드시 묻고　　　　분노가 생기면 반드시
이후의 어려움을 생각하라.

 더 읽어보기

'의사필문'은 배움이나 소통에서 의문이 생기면 반드시 물어보아야 나중에
더 큰 어려움이나 오해를 피할 수 있다는 말입니다. 이는 매우 당연한 것으
로 올바른 질문은 겁내지 않고 하는 것이 바람직합니다. '분사필난'은 화가
났을 때 언행(言行)을 하기 전에 나의 말과 행동이 나중에 더 큰 어려움을 만
들지는 않을지 생각해 보고 하라는 뜻입니다. 이는 올바른 인간이 되기 위해
반드시 필요한 조건입니다.

 여러분은 공부하다가 모르는 내용이 나오면 어떻게 하나요?

한자를 써 보세요.

疑	思	必	問	憤	思	必	難
의심할 의	생각 사	반드시 필	물을 문	분할 분	생각 사	반드시 필	어려울 난

이 한자는 이렇게 쓰여요

1) 疑心 (의심) : 확실히 알 수 없어 믿지 못하는 마음
2) 質疑 (질의) : 의심나거나 모르는 점을 물음
3) 家難 (가난) : 살림살이가 넉넉하지 못함
4) 苦難 (고난) : 괴로움과 어려움을 아울러 이르는 말

마무리하기

오늘 학습한 '의사필문 분사필난'이 무슨 뜻인지
부모님이나 선생님 앞에서 말해 보세요.
잘했으면 붙임딱지를 찾아 붙여 주세요.

❶ 다음 뜻에 맞는 한자를 써 보세요.

① 의심하다

② 분하다

❷ 빈칸에 알맞은 한자를 넣어 보세요.

① 발표를 마치고 잠시 후 응답 시간을 갖도록 하겠습니다.

② 일제 식민지 기간에 우리 선조들은 많은 을 겪었다.

❸ 다음 그림에 어울리는 대화를 완성해 보세요.

친구를 함부로 해서는 안 돼.

알아, 근데 아까 영수가 진경이 가방을 만지는 걸 봤어.

19강 이익은 정당하게 얻어야 해요.

견 득 사 의 시 위 구 사
見得思義 是謂九思

이득을 볼 때는 의로움을 생각하라 이를 구사라 한다.

큰 소리로 읽어 보세요.

見 得 思 義　　是 謂 九 思

볼 견　　얻을 득　　생각 사　　옳을 의　　　　옳을 시　　이를 위　　아홉 구　　생각 사

이득을 볼 때는 의로움을 생각하라　　　　이를 구사(九思)라 한다.

 더 읽어보기

이익을 볼 때 이것이 정당한 나의 몫인지 생각해 보는 것은 바람직한 일입니다. 우리가 앞에서 배운 '시사필명, 청사필총, 색사필온, 모사필공, 언사필충 사사필경, 의사필문, 분사필난, 견득사의' 이 9가지가 선비가 갖추어야 할 9가지 덕목이자 바른 생각으로, 나를 수양하는 수신(修身)의 출발점이 됩니다. 이를 소학에서는 구사(九思), 즉 9가지 (바른) 생각이라고 합니다.

✏️ 앞에서 배운 9가지 바른 생각을 찾아서 한자로 써 보세요.

_____

_____

_____

한자를 써 보세요.

見	得	思	義	是	謂	九	思
볼 견	얻을 득	생각 사	옳을 의	옳을 시	이를 위	아홉 구	생각 사

이 한자는 이렇게 쓰여요

1) 得男 (득남) : 아들을 낳음
2) 得女 (득녀) : 딸을 낳음
3) 得失 (득실) : 얻음과 잃음
4) 利得 (이득) : 이익을 얻음, 또는 그 이익

마무리하기

오늘 학습한 '견득사의 시위구사'가 무슨 뜻인지
부모님이나 선생님 앞에서 말해 보세요.
잘했으면 붙임딱지를 찾아 붙여 주세요.

❶ 다음 뜻에 맞는 한자를 써 보세요.

　① 얻다

　② 이르다, 가리키다

❷ 빈칸에 알맞은 한자를 넣어 보세요.

　① 이번 평가전에서는 골 　　　　　에 따라 본선 진출 여부가 결정됩니다.

　② 자네가 바라던 딸을 낳았으니 　　　　　턱을 내게.

❸ 다음 그림에 어울리는 대화를 완성해 보세요.

지난 일 얘기해서
무슨 　　　　이
있겠어.

예전에 우리가
이 문제로 크게
다투었잖아.

올바른 계획을 세워서 바르게 실천해요.

작 사 모 시 출 언 고 행

作事謀始 出言顧行

일을 할 때는 처음을 꾀하고
말을 할 때는 행할 것을 돌아보라.

스콧

아문센

부실한 준비로
계획 실패

철저한 준비로
계획 성공

큰 소리로 읽어 보세요.

作 事 謨 始　　出 言 顧 行
지을 작　일 사　꾀 모　비로소 시　　나갈 출　말씀 언　돌아볼 고　다닐 행

일을 할 때는 처음을 꾀하고　　말을 할 때는 행할 것을 돌아보라.

 더 읽어보기

말과 행동은 계획을 가지고 신중하게 하라는 것입니다. 100여 년 전에 아문센과 스콧이라는 탐험가들이 인류 최초의 남극점 탐험을 하기 위해 경쟁했습니다. 아문센은 철저한 계획을 신중하게 시행해서 남극점에 도달한 최초의 인류가 되어 큰 영광을 누렸습니다. 그러나 스콧은 그러지 못해서 그만 남극에서 얼어 죽고 말았습니다. 올바른 계획과 실천이 얼마나 중요한지를 잘 보여 주는 역사적 사례입니다.

 오늘 여러분의 공부 계획을 써 보고, 실천한 것에 표시해 보세요.

_____

_____

_____

한자를 써 보세요.

作	事	謨	始	出	言	顧	行
지을 작	일 사	꾀 모	비로소 시	나갈 출	말씀 언	돌아볼 고	다닐 행

이 한자는 이렇게 쓰여요

1) 開始 (개시) : 거래 또는 영업의 처음을 뜻함

2) 始發 (시발) : 차 따위가 맨 처음 떠남

3) 始作 (시작) : 처음 단계

4) 始祖 (시조) : 한 겨레나 가계의 맨 처음이 되는 조상, 어떤 학문이나
기술을 처음으로 연 사람

마무리하기

오늘 학습한 '작사모시 출언고행'이 무슨 뜻인지
부모님이나 선생님 앞에서 말해 보세요.
잘했으면 붙임딱지를 찾아 붙여 주세요.

❶ 다음 뜻에 맞는 한자를 써 보세요.

① 짓다

② 돌아보다

❷ 빈칸에 알맞은 한자를 넣어 보세요.

① ⬜⬜ 열차는 매일 새벽 4시 40분에 출발합니다.

② 이순신 장군의 거북선은 철갑선의 라고 할 수 있다.

❸ 다음 그림에 어울리는 대화를 완성해 보세요.

와, 여름이 되어서 냉면을 ⬜⬜ 했네.

그럼 오늘은 냉면 먹자!

냉면

21강 신중하게 대답해야 해요.

상 덕 고 지 연 낙 중 응
常德固持 然諾重應

→ 떳떳한 덕을 굳게 지니고 대답할 때 신중하라.

큰 소리로 읽어 보세요.

常 德 固 持   然 諾 重 應
떳떳할 상 클 덕 굳을 고 가질 지   그럴 연 허락할 낙 무거울 중 응할 응

떳떳한 덕을 굳게 지니고   대답할 때 신중하라.

 더 읽어보기

아무리 친한 사람의 부탁이라 할지라도 그 대답은 신중해야 합니다. 그 부탁이 옳지 못한 일이거나 내가 지키기 힘든 약속이라면 거절할 수 있어야 합니다. 그것은 '나'를 위한 일이기도 하지만 '친한 사람'을 위한 일이기도 합니다. 많은 사람들이 친한 친구의 부탁이 잘못되었음을 알면서도 거절을 하지 못해 큰 후회를 합니다.

여러분도 친구의 부탁을 한번쯤은 거절해 본 경험이 있을 거예요. 어떤 부탁을 왜 거절했는지 간단히 써 보세요.

_____

_____

_____

한자를 써 보세요.

常	德	固	持	然	諾	重	應
떳떳할 상	클 덕	굳을 고	가질 지	그럴 연	허락할 낙	무거울 중	응할 응

이 한자는 이렇게 쓰여요

1) **正常 (정상)** : 특별한 변동이나 탈이 없이 제대로 된 상태
2) **恒常 (항상)** : 언제나 변함없이
3) **道德 (도덕)** : 사회 구성원들이 양심, 여론, 관습 따위에 비추어 스스로
   마땅히 지켜야 할 행동 준칙
4) **美德 (미덕)** : 아름다운 덕행

마무리하기

오늘 학습한 '상덕고지 연낙중응'이 무슨 뜻인지
부모님이나 선생님 앞에서 말해 보세요.
잘했으면 붙임딱지를 찾아 붙여 주세요.

❶ 다음 뜻에 맞는 한자를 써 보세요.

① 허락하다   ② 무겁다

❷ 빈칸에 알맞은 한자를 넣어 보세요.

① 어제 건강 검진을 한 결과가 나왔는데, 모든 수치가 　　　　　　이었다.

② 네 주장만 하지 말고 양보하는 　　　　　　을 가져.

❸ 다음 그림에 어울리는 대화를 완성해 보세요.

왜 저 두사람은 　　　　 붙어다녀?

둘이 단짝이래. 유치원부터 같이 다녔다고 들었어.

22강 예의는 겉모습에서도 드러나요.

족 용 필 중 수 용 필 공
足 容 必 重 手 容 必 恭

발의 모양은 반드시 무겁게 하고
손의 모양은 반드시 공손하게 하라.

📣 **큰 소리로 읽어 보세요.**

足 容 必 重   手 容 必 恭

발 족   얼굴 용   반드시 필   무거울 중   손 수   얼굴 용   반드시 필   공손할 공

발의 모양은 반드시 무겁게 하고   손의 모양은 반드시 공손하게 하라.

✍️ **더 읽어보기**

'보기 좋은 떡이 먹기도 좋다'라는 속담이 있습니다. 이를 사람에 빗대어 설명하자면 내면도 중요하지만 밖으로 보이는 모습 또한 매우 중요하다는 뜻입니다. 항상 올바른 마음으로 예의 바른 태도를 지키는 것은 꼭 필요한 일입니다. 예를 들어 수업 시간에 발을 무겁게 해서 큰 움직임이 없고, 손의 모습이 공손해서 장난치지 않는 태도를 갖는 것은 아주 당연한 일입니다.

💬 **속담 알아보기**

보기 좋은 떡이 먹기도 좋다 : 겉모양새를 잘 꾸미는 것도 필요하다는 뜻

예문 음식을 다시 보기 좋게 차리도록 해. '보기 좋은 떡이 먹기도 좋다'는 말이 있잖아. 지금은 너무 맛없어 보여.

한자를 써 보세요.

足	容	必	重	手	容	必	恭
발 족	얼굴 용	반드시 필	무거울 중	손 수	얼굴 용	반드시 필	공손할 공

이 한자는 이렇게 쓰여요

1) 美容 (미용) : 아름다운 얼굴, 얼굴이나 머리를 아름답게 매만짐
2) 容恕 (용서) : 지은 죄나 잘못에 대해 벌하지 않고 덮어 줌
3) 內容 (내용) : 사물의 속내를 이루는 것
4) 許容 (허용) : 허락하여 너그럽게 받아들임

마무리하기

오늘 학습한 '족용필중 수용필공'이 무슨 뜻인지
부모님이나 선생님 앞에서 말해 보세요.
잘했으면 붙임딱지를 찾아 붙여 주세요.

Quiz

❶ 다음 뜻에 맞는 한자를 써 보세요.

① 얼굴을 나타냄 ☐

② 공손하다 ☐

❷ 빈칸에 알맞은 한자를 넣어 보세요.

① 부모님께 거짓말을 하였으나, 부모님이 이번엔 ☐☐ 해 주셨어.

② 요즘은 남자도 ☐☐ 에 신경을 써야 해.

❸ 다음 그림에 어울리는 대화를 완성해 보세요.

23강 단정한 태도와 자세로 생활해요.

목 용 필 단 구 용 필 지

目容必端 口容必止

눈의 모양은 반드시 단정하게 하고
입의 모양은 반드시 다물어라.

큰 소리로 읽어 보세요.

目 容 必 端
눈 목   얼굴 용   반드시 필   단정할 단

눈의 모양은 반드시 단정하게 하고

口 容 必 止
입 구   얼굴 용   반드시 필   그칠 지

입의 모양은 반드시 다물어라.

 더 읽어보기

단정한 눈빛과 잘 다물어진 입은 자신을 수양하는 태도의 기본입니다. 중요한 여권 사진을 찍을 때 한쪽 눈을 감고 입을 헤~ 벌리고 찍는 사람은 없습니다. 『모나리자』라는 명화를 다들 보신 적이 있을지 모르겠습니다만, 그림 속의 모나리자는 단정한 얼굴 모습을 잘 보여 줍니다. 만약 그림 속 모나리자가 눈을 이상하게 뜨고 입을 쩍 벌리고 있었다면 만화『모나리자』라면 몰라도 명화『모나리자』는 세상에 없었을 것입니다.

한자 알아보기

名   畵
이름 명   그림 화

명화 : 아주 잘 그린 그림
또는 유명한 그림

111

한자를 써 보세요.

目	容	必	端	口	容	必	止
눈 목	얼굴 용	반드시 필	단정할 단	입 구	얼굴 용	반드시 필	그칠 지

이 한자는 이렇게 쓰여요

1) 科目 (과목) : 배워야 할 지식 및 경험의 체계를 세분하여 계통을 세운 영역

2) 德目 (덕목) : 충(忠), 효(孝), 인(仁), 의(義) 따위의 덕을 분류하는 명목

3) 面目 (면목) : 얼굴의 생김새, 사람이나 사물의 겉모습

4) 目的 (목적) : 실현하려고 하는 일이나 나아가는 방향

마무리하기

오늘 학습한 '목용필단 구용필지'가 무슨 뜻인지
부모님이나 선생님 앞에서 말해 보세요.
잘했으면 붙임딱지를 찾아 붙여 주세요.

❶ 다음 뜻에 맞는 한자를 써 보세요.

① 단정하다

② 그치다

❷ 빈칸에 알맞은 한자를 넣어 보세요.

① 같은 실수를 두 번이나 반복하다니, 정말 이 없습니다.

② 독서의 　　　　　 에 따라 독서 방법은 달라져.

❸ 다음 그림에 어울리는 대화를 완성해 보세요.

항상 고요한 목소리와 바른 자세를 유지해요.

성 용 필 정 기 용 필 숙

聲容必靜 氣容必肅

음성은 반드시 고요하게 숨 쉬는 모습은 엄숙하게 하라.

큰 소리로 읽어 보세요.

聲　容　必　靜　氣　容　必　肅

소리 성　얼굴 용　반드시 필　고요할 정　　기운 기　얼굴 용　반드시 필　엄숙할 숙

음성은 반드시 고요하게　　　숨 쉬는 모습은 엄숙하게 하라.

 더 읽어보기

사람이 많은 곳에서 큰 소리로 떠들지 않고 숨을 헐떡이지 않는 것은 당연히 사람이 지켜야 할 예의입니다. 실제로 『조선왕조실록』에 보면 조선 후기 중흥기를 시작한 영조*가 회의 중에 큰 기침 소리를 낸 신하를 엄하게 꾸짖은 적도 있었습니다.

* 영조 : 조선 후기 제 21대 왕. 이름은 이금(李昑). 52년이라는 오랜 기간 왕위에 있었고, 비상한 정치 능력을 가진 데다 탕평책으로 인해 어느 정도 정치적 안정을 구축했기에 국정 운영을 위한 제도 개편, 민생 대책 등 여러 방면에 업적을 쌓음. 영조 재위 기간에 시행된 경제 정책 중 가장 높이 평가되는 것은 균역법임.

여러분이 생각하는 공공장소에서 꼭 지켜야 할 예절에는 무엇이 있을까요?

_____

_____

_____

聲	容	必	靜	氣	容	必	肅
소리 성	얼굴 용	반드시 필	고요할 정	기운 기	얼굴 용	반드시 필	엄숙할 숙

💬 이 한자는 이렇게 쓰여요

1) 高聲 (고성) : 크고 높은 목소리
2) 名聲 (명성) : 세상에 널리 퍼져 평판 높은 이름
3) 冷靜 (냉정) : 생각이나 행동이 감정에 좌우되지 않고 침착함
4) 平靜 (평정) : 반란*이나 소요*를 누르고 평온하게 진정함

* 반란 : 정부나 지도자에 반대하여 내란을 일으킴
* 소요 : 여럿이 떠들썩하게 들고일어남

✅ 마무리하기

오늘 학습한 '성용필정 기용필숙'이 무슨 뜻인지
부모님이나 선생님 앞에서 말해 보세요.
잘했으면 붙임딱지를 찾아 붙여 주세요.

⬤ 다음 뜻에 맞는 한자를 써 보세요.

① 고요하다 ⬜

② 엄숙하다 ⬜

② 빈칸에 알맞은 한자를 넣어 보세요.

① 법정에서는 ⬜⬜ 이 오가면 안 됩니다.

② 그는 금방 흥분을 가라앉히고 ⬜⬜ 을 되찾았다.

③ 다음 그림에 어울리는 대화를 완성해 보세요.

나 어제 소프라노 조수미 성악가의 음악을 들었는데 너무 감동적이었어.

나도 좋아해. 조수미 성악가는 지금도 해외에서 ⬜⬜ 을 떨치고 있지.

頭容必直 立容必德

두 용 필 직 입 용 필 덕

→ 머리의 모습은 반드시 곧게 하며
서 있는 모습은 덕스럽게 하라.

큰 소리로 읽어 보세요.

頭	容	必	直
머리 두	얼굴 용	반드시 필	곧을 직

머리의 모습은 반드시 곧게 하며

立	容	必	德
설 립(입)	얼굴 용	반드시 필	클 덕

서 있는 모습은 덕스럽게 하라.

더 읽어보기

머리와 허리를 꼿꼿하게 세우고 걷는 것을 '직립보행'이라고 합니다. 이 직립보행은 인간만이 누릴 수 있는 특권입니다. 인류의 진화도를 보면 네 발로 걷다가 서서히 목과 머리가 하늘 방향으로 곧아지면서 두 손이 자유로워지고, 이 자유로운 두 손으로 여러 도구를 발명하여 만물을 다스리게 된 것입니다. 자랑스럽게 목과 허리를 펴고 인간의 올바른 모습을 실천합시다.

한자 알아보기

直	立	步	行
곧을 직	설 립	걸음 보	다닐 행

직립보행 : 사지(四肢)를 가지는 동물이 뒷다리만을 사용하여 등을 꼿꼿하게 세우고 걷는 일

한자를 써 보세요.

頭	容	必	直	立	容	必	德
머리 두	얼굴 용	반드시 필	곧을 직	설 립(입)	얼굴 용	반드시 필	클 덕

이 한자는 이렇게 쓰여요

1) 率直 (솔직) : 거짓이나 숨김이 없이 바르고 곧다
2) 正直 (정직) : 마음에 거짓이나 꾸밈이 없다
3) 直徑 (직경) : 원이나 구 따위에서 중심을 지나는 직선
4) 直立 (직립) : 꼿꼿하게 바로 섬

마무리하기

오늘 학습한 '두용필직 입용필덕'이 무슨 뜻인지
부모님이나 선생님 앞에서 말해 보세요.
잘했으면 붙임딱지를 찾아 붙여 주세요.

❶ 다음 뜻에 맞는 한자를 써 보세요.

① 머리를 나타냄

② 곧다

❷ 빈칸에 알맞은 한자를 넣어 보세요.

① 땅굴의 크기는 좌우 ☐☐ 이 10m, 앞뒤 직경이 5m이다.

② 우리 반의 급훈은 ☐☐ 이다.

❸ 다음 그림에 어울리는 대화를 완성해 보세요.

오스트랄로피테쿠스는
유인원의 특징이 있지만 완전한
☐☐ 보행을 했어.

맞아,
뇌 용량은 고릴라보다
약간 큰 정도이지만
인류에 가깝지.

좋은 표정으로 모두를 대해요.

색 용 필 장 시 위 구 용

色容必莊 是謂九容

얼굴의 모양은 반드시 씩씩하게 하고
이를 구용이라 한다.

큰 소리로 읽어 보세요.

色	容	必	莊	是	謂	九	容
빛 색	얼굴 용	반드시 필	엄할 장	옳을 시	이를 위	아홉 구	얼굴 용

얼굴의 모양은 반드시 씩씩하게 하고   이를 구용이라 한다.

 더 읽어보기

앞에서 배운 '족용필중, 수용필공, 목용필단, 구용필지, 성용필정, 기용필숙,
두용필직, 입용필덕, 석용필장' 이 9가지 덕목을 '구용'이라 합니다. 이는 우
리가 지녀야 할 9가지 바른 태도를 말합니다. 이는 앞에서 배운 구사(九思)
를 겉으로 표현하는 모습이기에 다른 사람을 대할 때 꼭 필요한 태도입니다.
아무리 좋은 생각을 가지고 있어도 올바르게 표현하지 못하면 다른 사람이
그 생각을 알 수 없기 때문입니다.

 앞에서 배운 9가지 구용(九容)을 한자로 써 봅시다.

_____

_____

_____

色	容	必	莊	是	謂	九	容
빛 색	얼굴 용	반드시 필	엄할 장	옳을 시	이를 위	아홉 구	얼굴 용

💬 이 한자는 이렇게 쓰여요

1) 別莊 (별장) : 살림을 하는 집 외에 경치 좋은 곳에 따로 지어 놓고
때때로 묵으면서 쉬는 집

2) 莊嚴 (장엄) : 씩씩하고 웅장하며 위엄 있고 엄숙함

3) 果是 (과시) : 자랑하여 보임

4) 是非 (시비) : 옳음과 그름

💚 마무리하기

오늘 학습한 '색용필장 시위구용'이 무슨 뜻인지
부모님이나 선생님 앞에서 말해 보세요.
잘했으면 붙임딱지를 찾아 붙여 주세요.

❶ 다음 뜻에 맞는 한자를 써 보세요.

① 색을 나타냄 ☐☐ ② 엄하다 ☐

❷ 빈칸에 알맞은 한자를 넣어 보세요.

① 그는 자기 힘을 ☐☐ 하면서 돌을 들어올리다 허리를 삐끗했다.

② 그는 사소한 오해로 친구와 ☐☐ 가 붙었다.

❸ 다음 그림에 어울리는 대화를 완성해 보세요.

이번 여름휴가 어떻게 보낼 예정이야?

강원도에 있는 ☐☐ 에 가서 가족들과 함께 보내려고 해.

예의와 염치를 잃지 않도록 노력해요.

예 의 염 치 시 위 사 유
禮義廉恥 是謂四維

→ 예의와 염치를 사유라고 한다.

큰 소리로 읽어 보세요.

禮 義 廉 恥　是 謂 四 維

예도 예　옳을 의　청렴할 염　부끄러울 치　옳을 시　이를 위　넉 사　벼리* 유

예의와 염치를　　　　　　　　사유라고 한다.

* 벼리 : ① 그물 코를 꿴 굵은 줄, 이것을 잡아당겨 그물을 오므렸다 폈다 할 수 있음.
　　　② 일 또는 글의 뼈대가 되는 줄거리

 더 읽어보기

예의, 올바름, 청렴, 부끄러움을 알고 지키는 것은 인간의 도리입니다.
그래서 이 네 가지를 인간의 기본적 도리라는 뜻으로 '사유(四維)'라고 하는
것입니다. 예의, 염치는 지금도 여러 곳에서 많이 쓰는 말이니 반드시 기억
해야 합니다.

만약 여러명이 한 친구를 괴롭히는 장면을 목격한다면 여러분은 어떻게 행동할지 써 보
세요.

_____

_____

_____

127

한자를 써 보세요.

禮	義	廉	恥	是	謂	四	維
예도 예	옳을 의	청렴할 염	부끄러울 치	옳을 시	이를 위	넉 사	벼리 유

이 한자는 이렇게 쓰여요

1) 禮義 (예의) : 사람과의 관계에서 공손한 말과 몸가짐
2) 廉恥 (염치) : 남에게 신세를 지거나 폐를 끼칠 때 부끄럽고 미안한 마음을 가지는 상태
3) 羞恥 (수치) : 당당하거나 떳떳하지 못하여 느끼는 부끄러움
4) 淸廉 (청렴) : 성품이 고결하고 탐욕이 없음

마무리하기

오늘 학습한 '예의염치 시위사유'가 무슨 뜻인지
부모님이나 선생님 앞에서 말해 보세요.
잘했으면 붙임딱지를 찾아 붙여 주세요.

① 다음 뜻에 맞는 한자를 써 보세요.

① 청렴하다 〔　〕   ② 부끄럽다 〔　〕

② 빈칸에 알맞은 한자를 넣어 보세요.

① 우리 아버지는 〔　　　〕하고 강직한 법조인이야.

② 그가 나를 공개적으로 모욕해서 〔　　　〕를 느꼈어.

③ 다음 그림에 어울리는 대화를 완성해 보세요.

이번에는
딱 5천 원만
빌려 줘.

지난번에 빌려 준
3천 원도 갚지 않았잖아.

무슨 〔　　〕로
또 손을 벌려.

28강 누구에게나 착한 마음이 있어요.

仁義禮智 人性之綱
인 의 예 지 인 성 지 강

어질고 의롭고 예의 바르고
슬기로움은 인간 본성의 벼리이다.

큰 소리로 읽어 보세요.

仁 義 禮 智　人 性 之 綱

어질 인　옳을 의　예도 예　지혜 지　　사람 인　성품 성　갈 지　벼리 강

어질고 의롭고 예의 바르고 슬기로움은　　　인간 본성의 벼리이다.

 더 읽어보기

'벼리'는 '그물코'를 뜻하는 말로, 그물에서 벼리를 당기면 그물 전체가 딸려 오게 되어 있습니다. 그래서 '벼리'는 사물 전체를 이끌 수 있는 핵심적인 부분을 일컫는 말로, 제자에게 중요한 스승님과 같은 역할을 하는 것입니다. 사람 마음속에는 누구나 어질고, 의롭고, 예의 바르고, 슬기로운 선한 부분들이 있기에 이 올바른 4가지가 사람 성격 전체를 이끄는 벼리의 역할을 해야 하는 것입니다.

 여러분이 가장 존경하는 스승님의 성함과 그 이유를 써 보세요.

仁	義	禮	智	人	性	之	綱
어질 인	옳을 의	예도 예	지혜 지	사람 인	성품 성	갈 지	벼리 강

❗ 이 한자는 이렇게 쓰여요

1) 仁德 (인덕) : 어진 덕
2) 仁慈 (인자) : 마음이 어질고 자애로움
3) 不義 (불의) : 의리, 정의 따위에 어긋남
4) 信義 (신의) : 믿음과 의리를 아울러 이르는 말

✅ 마무리하기

오늘 학습한 '인의예지 인성지강'이 무슨 뜻인지
부모님이나 선생님 앞에서 말해 보세요.
잘했으면 붙임딱지를 찾아 붙여 주세요.

❶ 다음 뜻에 맞는 한자를 써 보세요.

　　① 지혜롭다 ☐　　　　　　　② 성품을 나타냄 ☐

❷ 빈칸에 알맞은 한자를 넣어 보세요.

　　① 나는 ☐☐ 를 보면 못 참는 성격이야.

　　② 두 사람은 친구로서 ☐☐ 를 지켰다.

❸ 다음 그림에 어울리는 대화를 완성해 보세요.

이번 5학년
담임 선생님은
참 ☐☐ 하셔.

부럽다.
우리 선생님은
엄청 무서운데.

德業相勸 過失相規

덕 업 상 권 과 실 상 규

덕업은 서로 권하고 과실은 서로 규제하라.

큰 소리로 읽어 보세요.

德	業	相	勸	過	失	相	規
클 덕	업 업	서로 상	권할 권	지날 과	잃을 실	서로 상	법 규

덕업은 서로 권하고   과실은 서로 규제하라.

더 읽어보기

조선시대 지방에는 '향약'이라는 자치 규약이 있었습니다. 마을 사람들이 모여 서로 상부상조하고 착한 일을 권장하기 위해 스스로 규칙을 만드는 것입니다. 이 규칙들 중 가장 널리 쓰인 규칙이 서로 선행을 권하는 '덕업상권 과실상규'입니다. 역사 교과서에도 자주 등장하는 말이니 잘 기억해 주세요.

한자 알아보기

相	扶	相	助
서로 상	도울 부	서로 상	도울 조

상부상조 : 서로서로 도움

한자를 써 보세요.

德	業	相	勸	過	失	相	規
클 덕	업 업	서로 상	권할 권	지날 과	잃을 실	서로 상	법 규

이 한자는 이렇게 쓰여요

1) 過失 (과실) : 부주의나 태만 따위에서 비롯된 잘못이나 허물
2) 紛失 (분실) : 자기도 모르는 사이에 물건 따위를 잃어버림
3) 失望 (실망) : 바라던 일이 뜻대로 되지 아니하여 마음이 몹시 상함
4) 失業 (실업) : 생업을 잃음

마무리하기

오늘 학습한 '덕업상권 과실상규'가 무슨 뜻인지
부모님이나 선생님 앞에서 말해 보세요.
잘했으면 붙임딱지를 찾아 붙여 주세요.

❶ 다음 뜻에 맞는 한자를 써 보세요.

① 권하다 ◻️

② 법을 나타냄 ◻️

❷ 빈칸에 알맞은 한자를 넣어 보세요.

① 자기 물건을 ◻️◻️ 하지 않도록 주의해야 합니다.

② 우리 학교에서 학교 폭력이 일어난 것은 교장인 저의 ◻️◻️ 입니다.

❸ 다음 그림에 어울리는 대화를 완성해 보세요.

이 성적표를 보시면
엄마가 많이
◻️◻️ 하실 거야.

괜찮아.
다음에 좀 더
잘하면 돼.

30강 서로 어려울 때 도우며 생활해요.

예 속 상 교 환 난 상 휼
禮俗相交 患難相恤

예의와 풍속으로 서로 사귀고
어려울 때는 서로 구휼하라.

138

큰 소리로 읽어 보세요.

禮	俗	相	交
예도 예	풍속 속	서로 상	사귈 교

예의와 풍속으로 서로 사귀고

患	難	相	恤
근심 환	어려울 난	서로 상	불쌍할 휼

어려울 때는 서로 구휼하라.

더 읽어보기

향촌 규약들 중 하나입니다. 우리나라는 예로부터 벼농사가 중심이었고 이를 어려운 말로 '수도작'이라고 합니다. 서양에서 주로 밭에서 하는 밀농사와는 달리 논농사는 협동이 매우 중요합니다. 그래서 옛날부터 우리는 협동을 중시하는 수도작 문화가 발달했습니다.

한자 알아보기

水	稻	作
물 수	벼 도	지을 작

수도작 : 논에 물을 대어 벼농사를 지음

禮	俗	相	交	患	難	相	恤
예도 예	풍속 속	서로 상	사귈 교	근심 환	어려울 난	서로 상	불쌍할 휼

❗ 이 한자는 이렇게 쓰여요

1) 救恤 (구휼) : 사회적 또는 국가적 차원에서 재난을 당한 사람이나
빈민에게 금품을 주어 구제함

2) 民俗 (민속) : 민간 생활과 관련된 신앙, 습관, 풍속, 전설 따위

3) 俗世 (속세) : 불가에서 일반 사회를 이르는 말

4) 風俗 (풍속) : 옛날부터 그 사회에 전해 오는 생활 전반에 걸친 습관

✔️ 마무리하기

오늘 학습한 '예속상교 환난상휼'이 무슨 뜻인지
부모님이나 선생님 앞에서 말해 보세요.
잘했으면 붙임딱지를 찾아 붙여 주세요.

① 다음 뜻에 맞는 한자를 써 보세요.

① 근심하다 ☐

② 불쌍하다 ☐

② 빈칸에 알맞은 한자를 넣어 보세요.

① 그는 평생 가난하고 외로운 사람들에 대한 ☐☐ 에 힘썼습니다.

② 그는 ☐☐ 와의 인연을 끊고 승려가 되었다.

③ 다음 그림에 어울리는 대화를 완성해 보세요.

추석을 맞아
놀이동산에서 각종
☐☐ 놀이 행사를
열고 있어.

정말?
나 자치기에
자신 있는데
가보고 싶다.

31강 착하고 좋은 것만 생각해요.

비 례 물 시 비 례 물 청
非禮勿視 非禮勿聽

예가 아니면 보지 말고 예가 아니면 듣지 말라.

큰 소리로 읽어 보세요.

非	禮	勿	視	非	禮	勿	聽
아닐 비	예도 례	말 물	보일 시	아닐 비	예도 례	말 물	들을 청

예가 아니면 보지 말고   예가 아니면 듣지 말라.

 더 읽어보기

공자*가 한 유명한 말입니다. 공자는 여러분이 지금 공부하고 있는 사자소학 책을 있게 한 유학의 시초입니다. 공자는 사람 마음속에 누구나 '仁(인)'이라는 어진 마음이 있다고 생각했고, 이 착한 마음이 세상에서 사람들과 소통하며 드러나는 모습을 '禮(예)'로 보았습니다. 즉 '비례물시 비례물청'은 착한 것이 아니면 보지도 듣지도 말라는 말입니다.

* 공자(孔子) : 중국 춘추 시대의 사상가이며 학자. 이름은 구(丘), 자는 중니(仲尼). 인(仁)을 바탕으로 한 도덕주의를 설파하여, 덕치 정치를 강조함.

 친구를 사귈 때에도 좋은 친구들을 가까이해야 그들의 좋은점을 닮을 수 있습니다. 여러분이 본받고 싶은 친구의 좋은점을 한 가지 써 보세요.

_____

_____

_____

한자를 써 보세요.

非	禮	勿	視	非	禮	勿	聽
아닐 비	예도 례	말 물	보일 시	아닐 비	예도 례	말 물	들을 청

💬 이 한자는 이렇게 쓰여요

1) 無視 (무시) : 사람을 깔보거나 업신여김
2) 視力 (시력) : 물체를 인식하는 눈의 능력
3) 視聽 (시청) : 눈으로 보고 귀로 들음
4) 聽力 (청력) : 귀로 소리를 듣는 힘

💙 마무리하기

오늘 학습한 '비례물시 비례물청'이 무슨 뜻인지
부모님이나 선생님 앞에서 말해 보세요.
잘했으면 붙임딱지를 찾아 붙여 주세요.

① 다음 뜻에 맞는 한자를 써 보세요.

① 아니다

② ~하지 마라

② 빈칸에 알맞은 한자를 넣어 보세요.

① 스마트폰을 너무 많이 봐서 요즘  이 뚝 떨어졌어.

② 요즘 할아버지의  이 떨어져서 전화벨 소리도 잘 듣지 못하셔.

③ 다음 그림에 어울리는 대화를 완성해 보세요.

32강 예의를 갖추어 말하고 행동해요.

비 례 물 언 비 례 물 동

非禮勿言 非禮勿動

> 예가 아니면 말하지 말고 예가 아니면 움직이지 말라.

큰 소리로 읽어 보세요.

非 禮 勿 言
아닐 비 예도 례 말 물 말씀 언

예가 아니면 말하지 말고

非 禮 勿 動
아닐 비 예도 례 말 물 움직일 동

예가 아니면 움직이지 말라.

 더 읽어보기

공자가 한 유명한 말입니다. 조선을 건국한 이성계에게는 유능한 신하인 정도전*이라는 사람이 있었습니다. 실제로 조선 건국에서 매우 큰 역할을 한 사람입니다. 그런데 이 사람이 술을 많이 마시면 예법에 어긋나는 말과 행동을 많이 했습니다. 마치 자기가 이성계의 상전인 것처럼 행동한 것입니다. 이런 일들이 쌓여서 결국 정도전은 비참한 최후를 맞이하게 되었습니다. 예의를 지키는 것은 자신을 지키는 일임을 명심해야 합니다.

* 정도전 : 고려 말기, 조선 전기의 학자. 호는 삼봉(三峯). 조선 개국의 일등 공신이며 성리학을 지도 이념으로 내세움.

 행동의 예에서 가장 대표적인 것은 인사입니다. 상황에 맞는 인사와 인사말은 사람의 마음을 흐뭇하게 합니다. 오늘 여러분도 웃어른이나 친구에게 어떤 인사말을 건넸는지 써 보세요.

한자를 써 보세요.

非	禮	勿	言	非	禮	勿	動
아닐 비	예도 례	말 물	말씀 언	아닐 비	예도 례	말 물	움직일 동

이 한자는 이렇게 쓰여요

1) 感動 (감동) : 크게 느끼어 마음이 움직임

2) 驅動 (구동) : 동력을 가하여 움직임

3) 勞動 (노동) : 몸을 움직여 일을 함

4) 動物 (동물) : 사람을 제외한 짐승 따위를 통틀어 말함

마무리하기

오늘 학습한 '비례물언 비례물동'이 무슨 뜻인지
부모님이나 선생님 앞에서 말해 보세요.
잘했으면 붙임딱지를 찾아 붙여 주세요.

❶ 다음 뜻에 맞는 한자를 써 보세요.

① 말하다

② 움직이다

❷ 빈칸에 알맞은 한자를 넣어 보세요.

① 앞으로는 일을 할 수 있는  인구가 크게 줄어들 거야.

② 나는 어른이 되어서  보호 단체에서 일하고 싶어.

❸ 다음 그림에 어울리는 대화를 완성해 보세요.

교장 선생님의 연설은 너무 ☐☐ 적이었어.

진짜 그렇게 생각해?

33강 윗사람은 모범이 되어야 해요.

군 위 신 강 부 위 자 강
君爲臣綱 父爲子綱

임금은 신하의 벼리가 되고
아버지는 자식의 벼리가 되어야 한다.

큰 소리로 읽어 보세요.

君 爲 臣 綱   父 爲 子 綱

임금 군   할 위   신하 신   벼리 강   아버지 부   할 위   아들 자   벼리 강

임금은 신하의 벼리가
되어야 하고

아버지는 자식의 벼리가
되어야 한다.

 더 읽어보기

임금은 신하의 모범이 되어서 이끌고 아버지는 자식의 모범이 되어서 이끌어 나가야 한다는 뜻입니다. 부모님은 늘 자식의 모범이 되어서 올바른 길로 이끌어 주시기 위해 많은 노력을 하십니다. 이처럼 높은 자리에 있는 사람일수록 아랫사람들의 모범이 되기 위해 노력해야 합니다.

여러분이 학급 회장이 된다면 어떻게 반 친구들을 이끌 것인지 써 보세요.

_____

_____

_____

한자를 써 보세요.

君	爲	臣	綱	父	爲	子	綱
임금 군	할 위	신하 신	벼리 강	아버지 부	할 위	아들 자	벼리 강

이 한자는 이렇게 쓰여요

1) 當爲 (당위) : 마땅히 그렇게 하거나 되어야 하는 것

2) 爲政 (위정) : 정치를 맡거나 정권을 부탁함

3) 伯父 (백부) : 아버지의 형 가운데 맏이가 되는 형

4) 叔父 (숙부) : 아버지의 남동생을 이르는 말

마무리하기

오늘 학습한 '군위신강 부위자강'이 무슨 뜻인지
부모님이나 선생님 앞에서 말해 보세요.
잘했으면 붙임딱지를 찾아 붙여 주세요.

① 다음 뜻에 맞는 한자를 써 보세요.

　① 임금 　　　　　② 신하 　

② 빈칸에 알맞은 한자를 넣어 보세요.

　① 국민의 생명과 안전을 지키는 것은 국가 존립의 　　　　　　　이다.

　② 그는 아버지의 큰 형님인 　　　　의 영향으로 해외 봉사단에 가입

　했다.

③ 다음 그림에 어울리는 대화를 완성해 보세요.

할아버지는 걸핏하면 아버지를 동생인 　　　와 비교하셨어.

아버지가 무척 싫어하셨겠다.

153

34강 높은 사람이 될수록 큰 책임이 따라요.

부 위 부 강 시 위 삼 강
夫爲婦綱 是爲三綱

남편은 아내의 벼리가 되고 이를 삼강이라 한다.

큰 소리로 읽어 보세요.

夫	爲	婦	綱	是	爲	三	綱
지아비 부	될 위	아내 부	벼리 강	옳을 시	될 위	석 삼	벼리 강

남편은 아내의 벼리가 되고   이를 삼강이라 한다.

 더 읽어보기

군위신강, 부위자강, 부위부강 이 세 가지를 '삼강'이라고 말합니다. 세 가지 강령이란 뜻으로 강령은 지켜야 하는 큰 기본 입장이라는 뜻입니다. 현대 사회에서 삼강은 힘을 가진 사람일수록 큰 도덕적 책임이 필요하다는 의미입니다.

✏️ 리더는 큰 힘을 갖는 대신 큰 도덕적 책임도 필요합니다. 여러분이 생각하는 리더가 꼭 갖추어야 할 자질에는 무엇이 있을까요?

_____

_____

_____

한자를 써 보세요.

夫	爲	婦	綱	是	爲	三	綱
지아비 부	될 위	아내 부	벼리 강	옳을 시	될 위	석 삼	벼리 강

이 한자는 이렇게 쓰여요

1) 夫婦 (부부) : 남편과 아내를 아울러 이르는 말
2) 工夫 (공부) : 학문이나 기술을 배우고 익힘
3) 農夫 (농부) : 농사 짓는 일을 직업으로 하는 사람
4) 漁夫 (어부) : 물고기 잡는 일을 직업으로 하는 사람

마무리하기

오늘 학습한 '부위부강 시위삼강'이 무슨 뜻인지
부모님이나 선생님 앞에서 말해 보세요.
잘했으면 붙임딱지를 찾아 붙여 주세요.

① 다음 뜻에 맞는 한자를 써 보세요.

① 지아비(남편) ☐   ② 아내 ☐

② 빈칸에 알맞은 한자를 넣어 보세요.

① 나는 하루에 세 시간 ☐☐ 하고, 한 시간은 온라인 게임을 해.

② 요즘에는 맞벌이를 하는 ☐☐ 가 많다.

③ 다음 그림에 어울리는 대화를 완성해 보세요.

父子有親 君臣有義

부자 유친 군신 유의

→ 부자간에는 친함이 있고 임금과 신하는 의리가 있다.

큰 소리로 읽어 보세요.

父 子 有 親 　 君 臣 有 義
아비 부　아들 자　있을 유　친할 친　　임금 군　신하 신　있을 유　옳을 의

부자간에는 친함이 있고　　　　임금과 신하는 의리가 있다.

 더 읽어보기

아버지와 아들의 친함은 서로 주고받는 것이 있다는 말입니다. 아버지는 아들에게 모범을 보이고 사랑을 주어야 합니다. 또한 아들은 아버지를 존경하고 예의 바르게 모셔야 합니다. 어느 한쪽만 희생하는 일방적인 관계가 아닌 서로 주고받는 관계를 우리는 친하다고 합니다.

여러분은 부모님의 어떤 면을 존경하는지 써 보세요.

한자를 써 보세요.

父	子	有	親	君	臣	有	義
아비 부	아들 자	있을 유	친할 친	임금 군	신하 신	있을 유	옳을 의

이 한자는 이렇게 쓰여요

1) 近親 (근친) : 혈연이 가까운 관계
2) 母親 (모친) : 어머니를 정중히 이르는 말
3) 父親 (부친) : 아버지를 정중히 이르는 말
4) 兩親 (양친) : 부친과 모친을 아울러 이르는 말

마무리하기

오늘 학습한 '부자유친 군신유의'가 무슨 뜻인지
부모님이나 선생님 앞에서 말해 보세요.
잘했으면 붙임딱지를 찾아 붙여 주세요.

❶ 다음 뜻에 맞는 한자를 써 보세요.

① 친하다   ② 옳다

❷ 빈칸에 알맞은 한자를 넣어 보세요.

① 경수는 어릴 때 을 여의고, 홀어머니 슬하에서 자랐다.

② 너희 께서 너를 낳고 며칠 만에 돌아가셔서 부친께서 고생

을 많이 하셨다.

❸ 다음 그림에 어울리는 대화를 완성해 보세요.

부모님은
잘 계신가?

네,
모두
잘 계십니다.

부 부 유 별 장 유 유 서
夫婦有別 長幼有序

부부 사이에는 분별이 있고 어른과 아이는 차례가 있다.

큰 소리로 읽어 보세요.

夫 婦 有 別   長 幼 有 序

지아비 부   아내 부   있을 유   다를 별   긴 장   어릴 유   있을 유   차례 서

부부 사이에는 분별이 있고   어른과 아이는 차례가 있다.

 더 읽어보기

부부는 성별이 달라서 각자의 역할을 존중해야 합니다. 아이가 어느 정도 성장을 했을 때 아버지가 아들과 목욕을 하고, 어머니는 딸과 목욕하는 것이 당연한 것처럼 부부가 서로 지켜야 하는 부분이 있는 것입니다. 마찬가지로 어른은 아이의 모범이 되고, 아이는 어른을 존중하는 것이 장유유서의 참 뜻입니다.

 여러분의 가정에서 아버지와 어머니가 각각 어떤 역할을 하시는지 써 보세요.

_____

_____

_____

한자를 써 보세요.

夫	婦	有	別	長	幼	有	序
지아비 부	아내 부	있을 유	다를 별	긴 장	어릴 유	있을 유	차례 서

이 한자는 이렇게 쓰여요

1) 各別 (각별) : 어떤 일에 대한 마음가짐이나 자세 따위가 유달리 특별함
2) 辨別 (변별) : 사물의 옳고 그름이나 좋고 나쁨을 가림
3) 別個 (별개) : 관련성이 없이 서로 다름
4) 性別 (성별) : 남녀나 암수의 구별

마무리하기

오늘 학습한 '부부유별 장유유서'가 무슨 뜻인지
부모님이나 선생님 앞에서 말해 보세요.
잘했으면 붙임딱지를 찾아 붙여 주세요.

❶ 다음 뜻에 맞는 한자를 써 보세요.

① 다르다

② 차례

❷ 빈칸에 알맞은 한자를 넣어 보세요.

① 날씨가 건조하니, 산불 예방에 ⬚⬚ 히 주의하세요.

② 외국어는 시험 성적과 회화 실력이 ⬚⬚ 라고 생각해.

❸ 다음 그림에 어울리는 대화를 완성해 보세요.

이번 수능 시험은
수학과 국어의
난이도가
높지 않았대.

작년보다
⬚⬚력이
떨어지겠구나.

165

37강 친구 사이에도 예절을 지켜요.

붕우유신 시위오륜
朋友有信 是謂五倫

벗과 벗은 신의가 있어야 하고 이를 오륜이라 한다.

큰 소리로 읽어 보세요.

朋	友	有	信		是	謂	五	倫
벗 붕	벗 우	있을 유	믿을 신		옳을 시	이를 위	다섯 오	인륜 륜

벗과 벗은 신의가 있어야 하고   이를 오륜이라 한다.

 더 읽어보기

앞에서 배운 '부자유친, 군신유의, 부부유별, 장유유서, 붕우유신' 이 다섯 가지를 오륜(五倫)이라고 합니다. 오륜은 인간이라면 마땅히 지켜야 하는 도리를 말합니다. 이 다섯가지 도리는 서로 주고받는 관계로 이루어져 있습니다. 교과서에서도 일상생활에서도 종종 쓰이는 말이니 반드시 기억해야 합니다.

 앞에서 배운 '오륜(五倫)'을 순서대로 한자로 써 보세요.

_____

_____

_____

한자를 써 보세요.

朋	友	有	信	是	謂	五	倫
벗 붕	벗 우	있을 유	믿을 신	옳을 시	이를 위	다섯 오	인륜 륜

이 한자는 이렇게 쓰여요

1) 倫理 (윤리) : 사람으로서 마땅히 행하거나 지켜야 할 도리
2) 交信 (교신) : 우편, 전화 따위로 정보나 의견을 주고 받음
3) 不信 (불신) : 믿지 않음
4) 信用 (신용) : 사람이나 사물이 틀림없다고 믿음

마무리하기

오늘 학습한 '붕우유신 시위오륜'이 무슨 뜻인지
부모님이나 선생님 앞에서 말해 보세요.
잘했으면 붙임딱지를 찾아 붙여 주세요.

❶ 다음 뜻에 맞는 한자를 써 보세요.

① 믿다   ② 이르다(일컫다)

❷ 빈칸에 알맞은 한자를 넣어 보세요.

① 사고가 난 여객선은 오후 3시부터  이 끊겼다.

② 대화를 통해 서로에 대한  을 허물어야 해요.

❸ 다음 그림에 어울리는 대화를 완성해 보세요.

영수는 이미
여러 번 거짓말을 한 바람에
친구들 사이에서
 을 잃었어.

영수는
마치 양치기소년
같구나.

38강 양보하는 마음을 가져요.

종 신 양 반 부 실 일 단
終身讓畔 不失一段

↪ 평생 밭두둑을 양보해도 한 계단도 잃지 않는다.

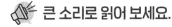 큰 소리로 읽어 보세요.

終 身 讓 畔　　不 失 一 段

마칠 종　몸 신　사양할 양　밭두둑 반　　아닐 부　잃을 실　하나 일　층계 단

평생 밭두둑을 양보해도　　　　한 계단도 잃지 않는다.

 더 읽어보기

'종신양반'은 평생 자기 땅의 경계를 양보하는 것을 말하고, '부실일단'은 그렇게 양보해도 한 걸음의 땅도 잃지 않는 것을 말합니다.

즉 양보하는 삶을 평생 살아도 손해 보는 일이 많지 않다는 뜻입니다. 우리가 매사 양보하는 마음으로 살게 되면 잃거나 손해 보는 일이 없게 될 뿐만 아니라 오히려 얻는 것이 많아질 것입니다.

여러분이 친구에게 한 양보 중 가장 잘했다고 생각하는 것을 써 보세요.

_____

_____

_____

한자를 써 보세요.

終	身	讓	畔	不	失	一	段
마칠 종	몸 신	사양할 양	밭두둑 반	아닐 부	잃을 실	하나 일	층계 단

이 한자는 이렇게 쓰여요

1) 終結 (종결) : 일을 끝냄
2) 終禮 (종례) : 학교에서 하루 일과를 마친 뒤에 담임 교사와 학생이 한자리에 모여 나누는 인사
3) 終了 (종료) : 어떤 행동이나 일 따위가 끝남
4) 終身 (종신) : 일생을 마침

마무리하기

오늘 학습한 '종신양반 부실일단'이 무슨 뜻인지
부모님이나 선생님 앞에서 말해 보세요.
잘했으면 붙임딱지를 찾아 붙여 주세요.

!? Quiz

❶ 다음 뜻에 맞는 한자를 써 보세요.

① 사양하다(양보하다) 　　　　② 계단

❷ 빈칸에 알맞은 한자를 넣어 보세요.

① 사회자는 회의를 서둘러 　　　　시켰다.

② 그는 올림픽에서 금메달을 딴 후에 스포츠 업체와 계약을

맺었다.

❸ 다음 그림에 어울리는 대화를 완성해 보세요.

39강   양보는 손해가 아니에요.

종 신 양 로   불 왕 백 보
終身讓路 不枉百步

↬ 평생 남에게 길을 양보해도 백 보도 되지 않는다.

큰 소리로 읽어 보세요.

終 身 讓 路

마칠 종   **몸**신   사양할 양   길 로

평생 남에게 길을 양보해도

不 枉 百 步

아니 불   굽힐 왕   일백 백   걸음 보

백 보도 되지 않는다.

 더 읽어보기

제 2차 세계대전 때 무더위 속에서 30여명의 영국군이 사방이 포위된 상태에 놓여 있었습니다. 모두가 무더위에 목이 말랐고 대장은 한 통 남은 물통을 열어 비장한 마음으로 부하들에게 주었습니다. 군인들은 물을 서로 돌려 마셨는데 이상한 일이 벌어졌습니다. 분명히 30여 명이 마시기에 턱없이 부족한 양의 물이 남은 것입니다. 이유는 서로서로 전우를 생각해 양보하느라 아주 조금씩만 마셨기 때문입니다. 양보를 통해 하나가 된 군인들은 서로를 의지해 결국 모두 살아남았습니다. 이 일화를 통해 알 수 있듯이 양보는 결코 손해가 아닙니다.

 만약 여러분이 대장이라면, 여러분은 남은 물 한 통을 어떻게 했을지 써 보세요.

한자를 써 보세요.

終	身	讓	路	不	枉	百	步
마칠 종	몸 신	사양할 양	길 로	아니 불	굽힐 왕	일백 백	걸음 보

이 한자는 이렇게 쓰여요

1) 徒步 (도보) : 걸어 감

2) 步兵 (보병) : 육군의 주력을 이루는 전투병

3) 散步 (산보) : 휴식이나 건강을 위해 천천히 걷는 일

4) 讓步 (양보) : 남을 위해 자신의 이익을 희생함

마무리하기

오늘 학습한 '종신양로 불왕백보'가 무슨 뜻인지
부모님이나 선생님 앞에서 말해 보세요.
잘했으면 붙임딱지를 찾아 붙여 주세요.

① 다음 뜻에 맞는 한자를 써 보세요.

① 마치다

② 굽히다

② 빈칸에 알맞은 한자를 넣어 보세요.

① 우리 집에서 학교까지   로 10분 정도 걸려.

② 나는 군대에서   이었기 때문에 걷는 것이라면 자신 있어.

③ 다음 그림에 어울리는 대화를 완성해 보세요.

거 필 택 린 취 필 유 덕

居必擇隣 就必有德

거처는 반드시 이웃을 가려서 정하고
나아갈 때는 반드시 덕 있는 사람에게 가라.

큰 소리로 읽어 보세요.

居	必	擇	隣	就	必	有	德
살 거	반드시 필	가릴 택	이웃 린(인)	나아갈 취	반드시 필	있을 유	클 덕

거처는 반드시
이웃을 가려서 정하고

나아갈 때는 반드시 덕 있는
사람에게 가라.

 더 읽어보기

항상 좋은 사람과 사귀라는 말입니다. 맹모삼천지교라는 말이 있습니다. 맹자의 어머니가 거처를 세 번 옮겼다는 뜻입니다. 맹자는 어려서 아버지를 여의고 어머니와 단 둘이 살았습니다. 공동묘지 근처에서 살았는데 어린 맹자가 장례식 놀이를 하는 것을 보고 어머니가 시장 근처로 이사를 갔습니다. 그러자 어린 맹자는 장사꾼 놀이를 했습니다. 그래서 어머니는 다시 서당 근처로 이사를 갔고 그곳에서 어린 맹자는 글 읽는 놀이를 했습니다. 그 모습을 본 어머니는 쭉 그곳에서 살면서 맹자를 훌륭한 학자로 키워 내셨습니다. 이처럼 사람이 사는 데 환경은 매우 중요합니다. 여러분도 항상 좋은 환경에서 좋은 사람들과 어울릴 수 있도록 해야 합니다.

한자 알아보기

孟	母	三	遷	之	教
맏 맹	어머니 모	석 삼	옮길 천	갈 지	가르칠 교

맹모삼천지교 : 맹자의 어머니가 맹자의 교육을 위해 세 번이나 이사를 한 가르침

한자를 써 보세요.

居	必	擇	隣	就	必	有	德
살 거	반드시 필	가릴 택	이웃 린(인)	나아갈 취	반드시 필	있을 유	클 덕

💬 **이 한자는 이렇게 쓰여요**

1) 居住 (거주) : 일정한 곳에 머물러 삶

2) 選擇 (선택) : 여럿 가운데서 필요한 것을 골라 뽑음

3) 隣近 (인근) : 이웃한 가까운 곳

4) 交隣 (교린) : 이웃 나라와의 사귐

✅ **마무리하기**

오늘 학습한 '거필택린 취필유덕'이 무슨 뜻인지
부모님이나 선생님 앞에서 말해 보세요.
잘했으면 붙임딱지를 찾아 붙여 주세요.

❶ 다음 뜻에 맞는 한자를 써 보세요.

① 가리다

② 이웃

❷ 빈칸에 알맞은 한자를 넣어 보세요.

① 모든 국민은 [ ][ ] 와 이전의 자유를 가진다.

② 산불이 번져 [ ][ ] 주민들까지 대피하는 상황이 벌어졌다.

❸ 다음 그림에 어울리는 대화를 완성해 보세요.

학원에 갈 건지
스터디 카페에 갈 건지
[ ][ ] 해.

둘 다 싫은데.
인라인스케이트 타러
가고 싶어.

人之處世 不可無友

인 지 처 세 불 가 무 우

사람이 세상에 살면서 친구가 없으면 안 된다.

큰 소리로 읽어 보세요.

人	之	處	世	不	可	無	友
사람 인	갈 지	곳 처	인간 세	아니 불	옳을 가	없을 무	벗 우

사람이 세상에 살면서 　　　　　　친구가 없으면 안 된다.

 더 읽어보기

인간은 사회적 존재로 서로 더불어 살아가는 존재입니다. 서로 더불어 살아가면서 인간관계를 이루게 되는데, 이 인간관계에서 대표적인 것이 친구입니다. 그래서 친구가 하나도 없다면 올바른 인간이라고 할 수 없습니다. 올바른 인간이 되기 위해 소중한 친구를 만드는 것은 아주 중요한 일입니다.

여러분의 가장 친한 친구는 누구이며, 왜 그 친구를 좋아하는지 이유를 써 보세요.

한자를 써 보세요.

人	之	處	世	不	可	無	友
사람 인	갈 지	곳 처	인간 세	아니 불	옳을 가	없을 무	벗 우

이 한자는 이렇게 쓰여요

1) 級友 (급우) : 같은 학급에서 함께 공부하는 친구

2) 友情 (우정) : 친구 사이의 정

3) 學友 (학우) : 같이 공부하는 벗

4) 友愛 (우애) : 형제간 또는 친구 간의 사랑이나 정분

마무리하기

오늘 학습한 '인지처세 불가무우'가 무슨 뜻인지
부모님이나 선생님 앞에서 말해 보세요.
잘했으면 붙임딱지를 찾아 붙여 주세요.

❶ 다음 뜻에 맞는 한자를 써 보세요.

① 인간, 일생, 생애

② 벗, 친구

❷ 빈칸에 알맞은 한자를 넣어 보세요.

① 초등학교 때의  를 우연히 길에서 만났어.

② 그 형제는 서로  가 남달랐어.

❸ 다음 그림에 어울리는 대화를 완성해 보세요.

이번 일로
건우와 범서의 에
금이 간 것 같아.

걔네 둘이 싸우는 거
하루 이틀 일이
아니야. 신경 쓰지 마.

42강 친구를 가려서 사귀어요.

택 우 교 지   유 소 보 익
擇友交之 有所補益

> 친구는 가려서 사귀어서 본받을 바가 있어야 유익하다.

큰 소리로 읽어 보세요.

擇 友 交 之   有 所 補 益
가릴 택   벗 우   사귈 교   갈 지   있을 유   바 소   도울 보   더할 익

친구는 가려서 사귀어서   본받을 바가 있어야 유익하다.

 더 읽어보기

친구는 반드시 사귀어야 하는 존재이지만 나에게 도움이 되는 친구를 사귀어야 합니다. 여기에서 말하는 도움은 물질적이거나 일방적인 것이 아닙니다. 서로 진정한 마음과 신뢰를 주고받으며 올바른 길로 같이 갈 수 있고 같이 성장할 수 있는 그런 인간관계를 말하는 것입니다. 진정한 친구는 마음과 신뢰를 서로 주고받을 수 있어야 합니다.

여러분이 생각하는 진정한 친구란 어떤 친구인가요?

___

___

___

한자를 써 보세요.

擇	友	交	之	有	所	補	益
가릴 택	벗 우	사귈 교	갈 지	있을 유	바 소	도울 보	더할 익

이 한자는 이렇게 쓰여요

1) 公益 (공익) : 사회 전체의 이익

2) 無益 (무익) : 이롭거나 도움이 될 만한 것이 없음

3) 有益 (유익) : 이롭거나 도움이 될 만한 것이 있음

4) 收益 (수익) : 이익을 거두어들임

마무리하기

오늘 학습한 '택우교지 유소보익'이 무슨 뜻인지
부모님이나 선생님 앞에서 말해 보세요.
잘했으면 붙임딱지를 찾아 붙여 주세요.

❶ 다음 뜻에 맞는 한자를 써 보세요.

① 가리다

② 돕다

❷ 빈칸에 알맞은 한자를 넣어 보세요.

① 담배는 건강에 백해　　　　　　　이야.

② 이 책의 내용은 나에게 매우　　　　　　　했어.

❸ 다음 그림에 어울리는 대화를 완성해 보세요.

이번에 내가 산 주식이

높은　　　　　을

올렸어.

정말?
나도 이번에 받은
세뱃돈으로 펀드에
투자했어.

43강 정직한 친구를 사귀어요.

우 기 정 인 아 역 자 정

友其正人 我亦自正

↪ 벗이 정직한 사람이면 나 또한 스스로 정직해진다.

큰 소리로 읽어 보세요.

友	其	正	人	我	亦	自	正
벗 우	그 기	바를 정	사람 인	나 아	또 역	스스로 자	바를 정

벗이 정직한 사람이면　　　　　　　나 또한 스스로 정직해진다.

 더 읽어보기

정직한 사람을 친구로 사귀는 것은 매우 어려운 일입니다. 정직한 사람은 나에 대해 장점은 물론이고 단점도 정직하게 말해 주기 때문입니다. 나의 단점을 지적하는 사람과 친해지는 것은 쉽지 않은 일입니다. 그러나 이런 사람은 정직하게 나의 단점을 말해 줘서 내가 그것을 고치고 더 좋은 사람이 될 수 있도록 만들어 주는 소중한 사람입니다.

여러분이 생각하는 스스로의 단점은 무엇인지 써 보고, 단점을 고치기 위해 어떤 노력을 해야할지 써 보세요.

_____

_____

_____

한자를 써 보세요.

友	其	正	人	我	亦	自	正
벗 우	그 기	바를 정	사람 인	나 아	또 역	스스로 자	바를 정

이 한자는 이렇게 쓰여요

1) 改正 (개정) : 주로 문서의 내용 따위를 고쳐 바르게 함
2) 公正 (공정) : 공평하고 올바름
3) 修正 (수정) : 바로잡아 고침
4) 正答 (정답) : 옳은 답

마무리하기

오늘 학습한 '우기정인 아역자정'이 무슨 뜻인지
부모님이나 선생님 앞에서 말해 보세요.
잘했으면 붙임딱지를 찾아 붙여 주세요.

① 다음 뜻에 맞는 한자를 써 보세요.

① 바르다 ▢▢   ② 또, 또한 ▢▢

② 빈칸에 알맞은 한자를 넣어 보세요.

① 한 번 작성한 답안지는 ▢▢ 이 불가능 합니다.

② 헌법을 ▢▢ 할 때는 국민투표를 거쳐야 한다.

③ 다음 그림에 어울리는 대화를 완성해 보세요.

이 문제에 대한 ▢▢ 을 아는 사람은 손들고 대답하세요.

음, 나만 모르나?

從遊邪人 予亦自邪

종유사인 여역자사

→ 간사한 사람을 쫓아서 놀면 나 또한 스스로 간사해진다.

큰 소리로 읽어 보세요.

從 遊 邪 人   予 亦 自 邪

쫓을 종   놀 유   간사할 사   사람 인   나 여   또 역   스스로 자   간사할 사

간사한 사람을 쫓아서 놀면   나 또한 스스로 간사해진다.

 더 읽어보기

'간사'하다는 것은 나쁜 의도로 상대방의 비위를 맞추는 것을 말합니다. 그러니 자기 속마음과는 다른 거짓말로 상대방에게 듣기 좋은 말만 합니다. 그래서 '정직'과 대비되는 말이 '간사'인 것입니다. 당연히 간사한 사람은 나에게 안 좋은 영향을 줄 수밖에 없습니다.

여러분은 어떤 행동을 하는 친구가 간사하다고 생각하는지 써 보세요.

_____

_____

_____

한자를 써 보세요.

從	遊	邪	人	予	亦	自	邪
쫓을 종	놀 유	간사할 사	사람 인	나 여	또 역	스스로 자	간사할 사

이 한자는 이렇게 쓰여요

1) 服從 (복종) : 남의 명령이나 의사를 그대로 따라서 쫓음

2) 從軍 (종군) : 군대를 따라 전쟁터로 나감

3) 追從 (추종) : 남의 뒤를 따라서 쫓음

4) 自立 (자립) : 남에게 예속되거나 의지하지 않고 스스로 섬

마무리하기

오늘 학습한 '종유사인 여역자사'가 무슨 뜻인지
부모님이나 선생님 앞에서 말해 보세요.
잘했으면 붙임딱지를 찾아 붙여 주세요.

!? Quiz

❶ 다음 뜻에 맞는 한자를 써 보세요.

① 쫓다

② 간사하다

❷ 빈칸에 알맞은 한자를 넣어 보세요.

① 군대에서는 상관의 명령에 무조건 해야 해.

② 그녀의 요리 솜씨는 타의 을 불허한다.

❸ 다음 그림에 어울리는 대화를 완성해 보세요.

우리 언니
취직했어.

드디어 경제적으로
□□ 할 수
있게 되었구나.

근 묵 자 흑 근 주 자 적
近墨者黑 近朱者赤

먹을 가까이하면 검어지고
붉은색을 가까이하면 붉어진다.

큰 소리로 읽어 보세요.

近 墨 者 黑　近 朱 者 赤

가까울 근　먹 묵　놈 자　검을 흑　　가까울 근　붉을 주　놈 자　붉을 적

먹을 가까이하면 검어지고　　붉은색을 가까이하면 붉어진다.

 더 읽어보기

주위 환경, 친구, 스승의 영향이 크다는 뜻으로, 앞서 공부했던 '맹모삼천지교'와 비슷한 의미입니다. 근묵자흑 근주자적은 매우 유명한 한자 성어로 일상생활은 물론이고 학교에서 국어나 사회 시간 등에서 많이 접하게 되는 어휘이니 꼭 숙지해야 합니다.

까마귀 싸우는 골에 백로야 가지 마라
성낸 까마귀 흰빛을 새오나니(시기하니)
창파(맑은 물)에 조히(깨끗이) 씻은 몸을 더럽힐까 하노라

— 정몽주의 어머니 이씨부인 —

* 아들이 혼탁한 조정에서 고통 받는 모습을 안타까이 여겨 지어준 시조

199

한자를 써 보세요.

近	墨	者	黑	近	朱	者	赤
가까울 근	먹 묵	놈 자	검을 흑	가까울 근	붉을 주	놈 자	붉을 적

이 한자는 이렇게 쓰여요

1) 記者 (기자) : 신문, 잡지, 방송 따위에 실을 기사를 취재하여 쓰거나
편집하는 사람

2) 亡者 (망자) : 죽은 사람

3) 富者 (부자) : 재물이 많아 살림이 넉넉한 사람

4) 話者 (화자) : 이야기를 하는 사람

마무리하기

오늘 학습한 '근묵자흑 근주자적'이 무슨 뜻인지
부모님이나 선생님 앞에서 말해 보세요.
잘했으면 붙임딱지를 찾아 붙여 주세요.

❶ 다음 뜻에 맞는 한자를 써 보세요.

① 검다 　　　　　　　　　　　② 가깝다

❷ 빈칸에 알맞은 한자를 넣어 보세요.

① 이 작품의 　　　　　　는 인물과 사건에 따라 끊임없이 바뀐다.

② 그는 엄청난 재산을 가진 　　　　　　이지만 검소하게 산다.

❸ 다음 그림에 어울리는 대화를 완성해 보세요.

너의 꿈은
뭐야?

나는 사건을
취재해서 기사를 쓰는
　　　가
되고 싶어.

아 사 인 친   인 사 아 친
我事人親 人事我親

→ 내가 남에게 친절하면 남도 나에게 친절하게 대한다.

큰 소리로 읽어 보세요.

我 事 人 親
나 아 섬길 사 사람 인 친할 친

내가 남에게 친절하면

人 事 我 親
사람 인 섬길 사 나 아 친할 친

남도 나에게 친절하게 대한다.

 더 읽어보기

서양의 아주 오래된 도덕 원칙 중에 황금률이라는 것이 있습니다. 내가 남에게 대접받고 싶은 만큼 남에게 대접하라는 뜻입니다.

그 당시 동양과 서양의 교류가 전혀 없었지만 서양에서는 황금률을, 동양에서는 '아사인친 인사아친'을 말했습니다. 참 재미있는 일이지요.

이렇게 표현법은 달라도 뜻이 같은 말이 있는 것처럼 이 말들은 인간이라면 누구나 명심해야 하는 보편적 가치입니다.

 새 학년이 되어 새로운 친구들과 만나면 처음에는 서먹서먹하기 마련입니다. 이때 새 친구를 사귀는 여러분만의 방법이 있다면 소개해 보세요.

_____

_____

_____

한자를 써 보세요.

我	事	人	親	人	事	我	親
나 아	섬길 사	사람 인	친할 친	사람 인	섬길 사	나 아	친할 친

이 한자는 이렇게 쓰여요

1) 自我 (자아) : 자기 자신에 대한 의식이나 관념
2) 我執 (아집) : 자기중심의 좁은 생각에 집착하여 다른 사람의 의견이나
입장을 고려하지 않고 자기만을 내세우는 것
3) 人事 (인사) : 사람을 대할 때 예를 표하는 행동
4) 事由 (사유) : 일의 까닭

마무리하기

오늘 학습한 '아사인친 인사아친'이 무슨 뜻인지
부모님이나 선생님 앞에서 말해 보세요.
잘했으면 붙임딱지를 찾아 붙여 주세요.

❶ 다음 뜻에 맞는 한자를 써 보세요.

① 섬기다 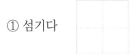 ② 친하다

❷ 빈칸에 알맞은 한자를 넣어 보세요.

① 정당한  가 있을 시, 이번 교육에 불참해도 됩니다.

② 도현이의 생각은 모순과  으로 가득 차 있었다.

❸ 다음 그림에 어울리는 대화를 완성해 보세요.

등교하면
선생님과 친구들에게
□□ 하는 것을
잊지 마.

네, 걱정 마세요.
지금도
잘하고 있어요.

貧窮患難 親戚相救

빈 궁 환 난 친 척 상 구

빈궁이나 환난에는 친척끼리 서로 도와라.

큰 소리로 읽어 보세요.

貧 窮 患 難　　親 戚 相 救

가난할 빈　궁할 궁　근심 환　어려울 난　　친할 친　친척 척　서로 상　도울 구

빈궁이나 환난에는　　　　　　친척끼리 서로 도와라.

 더 읽어보기

어려운 일이 닥쳤을 때 친한 사람끼리 서로 도와주는 것은 당연한 일입니다. 서로 도와야 하는 이유도 명확합니다. 바로 지난 시간에 배운 황금률을 생각하면 되는데, 내가 어려운 사람을 돕는 이유는 내가 어려울 때 도움을 받을 수 있기 때문입니다. 즉 어려운 사람을 돕는 일은 결국 '나'를 위한 일입니다.

 여러분은 누군가를 도울 때 어떤 마음이 드는지 써 보세요.

_____

_____

_____

한자를 써 보세요.

貧	窮	患	難	親	戚	相	救
가난할 빈	궁할 궁	근심 환	어려울 난	친할 친	친척 척	서로 상	도울 구

이 한자는 이렇게 쓰여요

1) 貧窮 (빈궁) : 가난하고 궁색함
2) 患難 (환난) : 근심과 재난
3) 親戚 (친척) : 친족과 외척을 이르는 말
4) 救助 (구조) : 재난 따위를 당하여 어려운 처지에 빠진 사람을 구하여 줌

마무리하기

오늘 학습한 '빈궁환난 친척상구'가 무슨 뜻인지
부모님이나 선생님 앞에서 말해 보세요.
잘했으면 붙임딱지를 찾아 붙여 주세요.

① 다음 뜻에 맞는 한자를 써 보세요.

① 가난하다 　　　　　　② 근심

② 빈칸에 알맞은 한자를 넣어 보세요.

① 옛날에는 아무리 일을 해도  에 허덕이는 사람이 많았어.

② 명절이면 모든  들이 우리집에 모인다.

③ 다음 그림에 어울리는 대화를 완성해 보세요.

지금 바다 한가운데서 어선 한 척이 뒤집혔대.

나도 뉴스 봤어.

지금 [　][　] 활동 중이래.

48강 이웃에게 따뜻한 관심을 가져요.

환 과 고 독 위 지 사 궁
鰥寡孤獨 謂之四窮

홀아비, 과부, 고아, 자식 없는 늙은이
이를 사궁이라 한다.

환과고독을 위한
공법을 제정하도록
하라~!

아빠
환과고독이
뭐예요?

응, 환과고독이란 홀아비,
과부, 고아, 독거노인을 칭하던 옛말이지~.
조선시대에 이들을 위한 구제책을
만들었단다. 오늘날로 보면 한부모 가정,
독거노인 등이 되겠지.

제 주변에도
환과고독과 같이
어려운 친구들이 있어요.
이 친구들을
도와야겠어요!

아이고,
기특해라!

큰 소리로 읽어 보세요.

鰥 寡 孤 獨　謂 之 四 窮

홀아비 환　과부 과　외로울 고　홀로 독　　이를 위　갈 지　넉 사　궁할 궁

홀아비, 과부, 고아, 자식 없는 늙은이　　　　이를 사궁이라 한다.

 더 읽어보기

아내가 없는 홀아비, 남편이 없는 과부, 부모님이 없는 고아, 자식이 없는 늙은이는 궁핍할 가능성이 매우 높습니다. 따라서 예로부터 이를 '네 가지 궁한 처지'라는 뜻의 '사궁(四窮)'이라고 불렀습니다.
'환과고독'이라는 말은 고전 문학 작품에 종종 나오는 말이니, 무슨 뜻인지 꼭 알아 두세요.

여러분은 불우 이웃 돕기에 참여해 본 적이 있나요? 있다면 어떤 방식이었는지 소개해 보세요.

한자를 써 보세요.

鰥	寡	孤	獨	謂	之	四	窮
홀아비 환	과부 과	외로울 고	홀로 독	이를 위	갈 지	넉 사	궁할 궁

이 한자는 이렇게 쓰여요

1) 孤獨 (고독) : 세상에 홀로 떨어져 있는 듯이 매우 외롭고 쓸쓸함

2) 孤立 (고립) : 다른 사람과 어울려 사귀지 않거나, 도움을 받지 못하여 외톨이가 됨

3) 孤兒 (고아) : 부모가 없어 몸 붙일 곳이 없는 아이

4) 困窮 (곤궁) : 가난하여 살림이 구차함

마무리하기

오늘 학습한 '환과고독 위지사궁'이 무슨 뜻인지
부모님이나 선생님 앞에서 말해 보세요.
잘했으면 붙임딱지를 찾아 붙여 주세요.

❶ 다음 뜻에 맞는 한자를 써 보세요.

　　① 외롭다 　　　　　　② 궁하다

❷ 빈칸에 알맞은 한자를 넣어 보세요.

　　① 태풍의 피해로 한 마을이  상태에 처했어.

　　② 옆집 아이가 교통사고로 부모를 잃고 하루 아침에  가 되었어.

❸ 다음 그림에 어울리는 대화를 완성해 보세요.

오늘 아빠 너무 ⬜⬜ 해.

아빠, 그럼 저랑 흔한남매 보실래요?

49강 베풀고 나누는 삶을 살아요.

발 정 시 인 선 시 사 자
發政施仁 先施四者

올바른 정치와 어진 마음으로 베풀어
먼저 사궁에게 베풀어야 한다.

큰 소리로 읽어 보세요.

發	政	施	仁	先	施	四	者
필 발	정사 정	베풀 시	어질 인	먼저 선	**베풀 시**	넉 사	사람 자

올바른 정치와 어진 마음으로 베풀어   먼저 사궁에게 베풀어야 한다.

* 위에서 말하는 '사자(四者)'는 앞에서 배운 사궁(四窮), 즉 홀아비, 과부, 고아, 늙어서 자식이 없는 사람을 가리킵니다.

 더 읽어보기

어려운 사람을 국가 차원에서 도와주는 '복지'라는 개념은 현대에만 있는 것이 아닙니다. 동양에서는 오래전부터 사궁(환과고독)과 같은 어려운 사람들에게 국가적으로 나눔을 실천하고는 했습니다. 그것이 옳은 일이기 때문입니다. 또한 앞에서 배웠듯이 어려운 사람을 돕는 일은 '나'를 위한 일이기도 합니다.

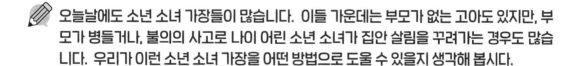 오늘날에도 소년 소녀 가장들이 많습니다. 이들 가운데는 부모가 없는 고아도 있지만, 부모가 병들거나, 불의의 사고로 나이 어린 소년 소녀가 집안 살림을 꾸려가는 경우도 많습니다. 우리가 이런 소년 소녀 가장을 어떤 방법으로 도울 수 있을지 생각해 봅시다.

_____

_____

_____

한자를 써 보세요.

發	政	施	仁	先	施	四	者
필 발	정사 정	베풀 시	어질 인	먼저 선	베풀 시	넉 사	사람 자

이 한자는 이렇게 쓰여요

1) 開發 (개발) : 토지, 자연 따위를 유용하게 만듦, 산업이나 경제 따위를 발전하게 함

2) 啓發 (계발) : 재능이나 사상 따위를 일깨워 줌

3) 發動 (발동) : 움직이거나 작용하기 시작함

4) 發明 (발명) : 아직까지 없던 기술이나 물건을 새로 생각하여 만들어 냄

마무리하기

오늘 학습한 '발정시인 선시사자'가 무슨 뜻인지
부모님이나 선생님 앞에서 말해 보세요.
잘했으면 붙임딱지를 찾아 붙여 주세요.

❶ 다음 뜻에 맞는 한자를 써 보세요.

　① 베풀다 　　　　　　　　　　　　② 어질다

❷ 빈칸에 알맞은 한자를 넣어 보세요.

　① 우리 엄마는 항상 자기 　　　　　　　　을 위해 독서를 해.

　② 우리 연구팀은 신제품 　　　　　　　에 착수했다.

❸ 다음 그림에 어울리는 대화를 완성해 보세요.

응, 괜찮아.
또 호기심이
　　　　했나 봐.

엄마, 동현이가
또 잔디밭에 앉아서
풀을 보고 있어요.

50강 매일 선행을 실천해요.

적 선 지 가 필 유 여 경

積善之家 必有餘慶

↳ 선을 쌓은 집은 반드시 (남는) 경사가 있다.

큰 소리로 읽어 보세요.

積 善 之 家   必 有 餘 慶

쌓을 적   착할 선   갈 지   집 가   반드시 필   있을 유   남을 여   경사 경

선을 쌓은 집은   반드시 (남는) 경사가 있다.

 더 읽어보기

'적선지가 필유여경'은 선을 쌓은 집은 반드시 남는 경사가 있다는 뜻입니다.
여기서 '남는 경사'라는 말에 주목해야 합니다. 결국 집안에 남는 사람은 후
손인데 부모가 쌓은 선행이 그 후손까지 미친다는 뜻입니다.
즉 내가 쌓은 선행은 꼭 내가 아니더라도 그 좋은 영향이 후손까지 미친다는
의미입니다.

어른들이 할 수 있는 선행(善行)에는 어떤 것들이 있고, 어린이들이 할 수 있는 선행에는
어떤 것들이 있는지 각각 구분해서 써 보세요.

_____

_____

_____

한자를 써 보세요.

積	善	之	家	必	有	餘	慶
쌓을 적	착할 선	갈 지	집 가	반드시 필	있을 유	남을 여	경사 경

이 한자는 이렇게 쓰여요

1) 改善 (개선) : 잘못된 것이나 부족한 것, 나쁜 것 따위를 고쳐 더 좋게 만듦
2) 善行 (선행) : 착하고 어진 행실
3) 積善 (적선) : 착한 일을 많이 함. 동냥질과 같은 일을 좋게 이르는 말
4) 最善 (최선) : 가장 좋고 훌륭함

마무리하기

오늘 학습한 '적선지가 필유여경'이 무슨 뜻인지
부모님이나 선생님 앞에서 말해 보세요.
잘했으면 붙임딱지를 찾아 붙여 주세요.

① 다음 뜻에 맞는 한자를 써 보세요.

　① 쌓다 [　] 　　　　　　　　② 남다 [　]

② 빈칸에 알맞은 한자를 넣어 보세요.

　① 지금 식생활을 [　][　]　　　　하지 않으면 비만이 될 수 있어.

　② 그는 자신의 [　][　]　　　　을 다른 사람에게 알리지 않아서 더욱 감동을

　　주고 있다.

③ 다음 그림에 어울리는 대화를 완성해 보세요.

엄마,
저 목이 아파요.
감기에 걸린 것
같아요.

감기에 걸리면
푹 쉬는 게
[　][　] 이야.
오늘은 일찍 자렴.

1강
❶ ① 髮 ② 膚
❷ ① 間髮 ② 當身
❸ 백발

2강
❶ ① 毁 ② 始
❷ ① 毁損 ② 負傷
❸ 시초

3강
❶ ① 揚 ② 名
❷ ① 道理 ② 孝道
❸ 도로

4강
❶ ① 顯 ② 終
❷ ① 終末 ② 最終
❸ 현미경

5강
❶ ① 昏 ② 褥
❷ ① 昏絶 ② 黃昏
❸ 반성

6강
❶ ① 雪 ② 筍
❷ ① 雪糖 ② 白雪
❸ 제설

7강
❶ ① 氷 ② 鯉
❷ ① 氷庫 ② 結氷
❸ 빙판

8강
❶ ① 欺 ② 如
❷ ① 平價 ② 不平
❸ 공평

9강
❶ ① 告 ② 適
❷ ① 光復 ② 復習
❸ 부활

10강
❶ ① 返 ② 拜
❷ ① 告白 ② 歲拜
❸ 충고

11강
❶ ① 齊 ② 治
❷ ① 政治 ② 退治
❸ 치안

12강
❶ ① 暖 ② 居
❷ ① 飽食 ② 教師
❸ 교실

13강
❶ ① 歡 ② 憂
❷ ① 家禽 ② 聖人
❸ 맹금

14강
❶ ① 晝 ② 命
❷ ① 農耕 ② 耕作
❸ 초대

15강
❶ ① 思 ② 聽
❷ ① 視聽 ② 文明
❸ 명백

16강
❶ ① 溫 ② 恭
❷ ① 生色 ② 色相
❸ 정색

17강
❶ ① 言 ② 敬
❷ ① 敬語 ② 敬虔, 敬禮
❸ 공경

18강
❶ ① 疑 ② 憤
❷ ① 質疑 ② 苦難
❸ 의심

19강
❶ ① 得 ② 謂
❷ ① 得失 ② 得女
❸ 이득

20강
❶ ① 作 ② 顧
❷ ① 始發 ② 始祖
❸ 개시

21강
❶ ① 諾 ② 重
❷ ① 正常 ② 美德
❸ 항상

22강
❶ ① 容 ② 恭
❷ ① 容恕 ② 美容
❸ 허용

23강
❶ ① 端 ② 止
❷ ① 面目 ② 目的
❸ 과목

24강
❶ ① 靜 ② 肅
❷ ① 高聲 ② 冷靜
❸ 명성

25강
❶ ① 頭 ② 直
❷ ① 直徑 ② 正直
❸ 직립

26강
❶ ① 色 ② 莊
❷ ① 果是 ② 是非
❸ 별장

27강
❶ ① 廉 ② 恥
❷ ① 淸廉 ② 羞恥
❸ 염치

28강
❶ ① 智 ② 性
❷ ① 不義 ② 信義
❸ 인자

29강
❶ ① 勸 ② 規
❷ ① 紛失 ② 過失
❸ 실망

30강
❶ ① 患 ② 恤
❷ ① 救恤 ② 俗世
❸ 민속

31강
❶ ① 非 ② 勿
❷ ① 視力 ② 聽力
❸ 무시

32강
❶ ① 言 ② 動
❷ ① 勞動 ② 動物
❸ 감동

33강
❶ ① 君 ② 臣
❷ ① 當爲 ② 伯父
❸ 숙부

34강
❶ ① 夫 ② 婦
❷ ① 工夫 ② 夫婦
❸ 어부

35강
❶ ① 親 ② 義
❷ ① 父親 ② 母親
❸ 양친

36강
❶ ① 別 ② 序
❷ ① 各別 ② 別個
❸ 변별

37강
❶ ① 信 ② 謂
❷ ① 交信 ② 不信
❸ 신용

38강
❶ ① 讓 ② 段
❷ ① 終了 ② 終身
❸ 종례

39강
❶ ① 終 ② 枉
❷ ① 徒步 ② 步兵
❸ 산보

40강
❶ ① 擇 ② 隣
❷ ① 居住 ② 隣近
❸ 선택

41강
❶ ① 世 ② 友
❷ ① 級友 ② 友愛
❸ 우정

42강
❶ ① 擇 ② 補
❷ ① 無益 ② 有益
❸ 수익

43강
❶ ① 正 ② 亦
❷ ① 修正 ② 改正
❸ 정답

44강
❶ ① 從 ② 邪
❷ ① 服從 ② 追從
❸ 자립

45강
❶ ① 黑 ② 近
❷ ① 話者 ② 富者
❸ 기자

46강
❶ ① 事 ② 親
❷ ① 事由 ② 我執
❸ 인사

47강
❶ ① 貧 ② 患
❷ ① 貧窮 ② 親戚
❸ 구조

48강
❶ ① 孤 ② 窮
❷ ① 孤立 ② 孤兒
❸ 고독

49강
❶ ① 施 ② 仁
❷ ① 啓發 ② 開發
❸ 발동

50강
❶ ① 積 ② 餘
❷ ① 改善 ② 善行
❸ 최선

初等 사자소학

身體髮膚 受之父母	目容必端 口容必止	視思必明 聽思必聰	我事人親 人事我親	常德固持 然諾重應
言思必忠 事思必敬	友其正人 我亦自正	夫婦有別 長幼有序	若告西適 不復東往	作事謀始 出言顧行
修身齊家 治國之本	貧窮患難 親戚相救	即近禽獸 聖人憂之	晝耕夜讀 盡事待命	人之處世 不可無友
居必擇隣 就必有德	德業相勸 過失相規	積善之家 必有餘慶	以顯父母 孝之終也	雪裡求筍 孟宗之孝
朋友有信 是謂五倫	足容必重 手容必恭	非禮勿言 非禮勿動	聲容必靜 氣容必肅	禮俗相交 患難相恤
鰥寡孤獨 謂之四窮	禮義廉恥 是謂四維	仁義禮智 人性之綱	立身行道 揚名後世	頭容必直 立容必德
非禮勿視 非禮勿聽	色思必溫 貌思必恭	君爲臣綱 父爲子綱	色容必莊 是謂九容	父子有親 君臣有義
疑思必問 憤思必難	近墨者黑 近朱者赤	終身讓畔 不失一段	終身讓路 不枉百步	飽食暖衣 逸居無教
發政施仁 先施四者	擇友交之 有所補益	不敢毀傷 孝之始也	從遊邪人 予亦自邪	見得思義 是謂九思
出必告之 返必拜謁	夫爲婦綱 是爲三綱	昏必定褥 晨必省候	叩氷得鯉 王祥之孝	平生一欺 其罪如山